Die Mineral-Malerei

Portrait ADOLF WILHELM KEIM.

Adolf Wilhelm Keim

Die Mineral-Malerei

Neues Verfahren
zur Herstellung witterungsbeständiger Wandgemälde
Technisch-wissenschaftliche Anleitung

Nachdruck der Ausgabe von 1881

Herausgegeben
und mit einer Einleitung und Bibliographie versehen
von Thomas Hoppe

Ferdinand Enke Verlag Stuttgart 1995

Thomas Hoppe
Restaurator und Sachverständiger
für Gemälde und Skulpturen
Klausstraße 11
D-22765 Hamburg-Altona

Die Deutsche Bibliothek – CIP-Einheitsaufnahme

Keim, Adolf Wilhelm:
Die Mineral-Malerei : neues Verfahren zur Herstellung witterungsbeständiger Wandgemälde ; technisch-wissenschaftliche Anleitung / Adolf Wilhelm Keim. – Nachdr. der Ausg. von 1881 / hrsg. und mit einer Einl. und Bibliogr. vers. von Thomas Hoppe. – Stuttgart : Enke, 1995
ISBN 3-432-27111-5
NE: Hoppe, Thomas [Hrsg.]

Printed in Germany
Druck: Druckhaus Götz GmbH, D-71636 Ludwigsburg

Zur Geschichte dieses Werkstoffes

Die Fabrikation fester Gläser ist schon seit dem 17. Jahrhundert v. Chr. mit der altägyptischen Glasmacherkunst belegbar. Zu Beginn des 16. Jahrhunderts soll einem Bericht des Ingenieurs *C. Kohn* zufolge ein Pater *Basilius Valentius* (1520) in einem alchimistischen Manuskript von *Liquor silicis* – einem „flüssigen Glas" – berichtet haben. Es gilt jedoch als sehr umstritten, ob das Manuskript und damit der Autor dieses Namens überhaupt existiert hat. Die Herstellung von kaltflüssigem Glas aus Bergkristall und Weinstein wird schon in der Schrift „De re metallica" von *Georgius Agricola* (eigentlich *Georg Bauer* 1494–1555) erwähnt. *Johann Baptist van Helmont* (1577–1668) stellt 1640 aus Glaspulver und Ätzkalk (Kalziumoxid) ein unbeständiges Glas her. Acht Jahre darauf gewinnt *Johann Rudolf Glauber* (1604–1670) das sogenannte *Liquor silicium* oder *Oleum silicium* aus Pottasche (Kaliumkarbonat K_2CO_3) und Sand. Nach *Glauber* ist auch das sogenannte Glaubersalz ($N_2SO_4 \cdot 10\ H_2O$) benannt, das seitdem verschiedene Verwendungen fand, u. a. auch in der Glasfabrikation. Das *Liquor silicium*, die sogenannte Kieselfeuchtigkeit, die etwa zwischen festem Glas und Wasserglas eingeordnet wird, ist ebenso ein noch wenig beständiger Vorgänger des Wasserglases, da sie sich bei feuchter Luft zersetzte und somit auch damaligen Qualitätsanforderungen nicht gerecht wurde. Es ist wohl in jener Zeit mit Materialien dieser Art noch gar nicht gemalt worden. Zudem war bis dato über die Eigenschaften generell von Glas aufgrund der mehr oder minder empirischen Herstellungsweisen zu wenig bekannt und seine Zusammensetzung so gut wie nicht erforscht. Das änderte sich erst Anfang des 19. Jahrhunderts mit der zufälligen Entdeckung von Wasserglas.

Johann Nepomuk von Fuchs (1774–1856), Lehrer der Chemie und Mineralogie, gilt als der eigentliche Entdecker von Wasserglas. *Fuchs* berichtet bereits 1818 zum ersten Mal über Wasserglas, auf das er zufällig bei der Herstellung von künstlichem Ultramarin (Lazulit) stieß, als er die dafür notwendige reine Kieselsäure herstellte. Er analysierte systematisch seine Entdeckung und konnte dann 1825 „...ein neues Produkt aus Kieselerde und Kali ..." vorstellen. *Fuchs* kannte schon die verschiedenen Herstellungsweisen und Arten von Wasserglas: Kali-, Natrium-, Doppel- und Fixierungswasserglas, die auch ganz unterschiedlich eingesetzt werden sollten, wie er in seiner letzten, umfangreichen Publikation vom 20. November 1855 darlegte. Hier benannte *Fuchs* diese Malart auch „Stereochromie“ (griech.: στερεὸς [stereos] = fest, dauerhaft; χρώμα [chroma] = Farbe), weil „... das Wasserglas das Bindemittel der Farben und ihrer Unterlagen bildet ...“. Bis über die Mitte des 19. Jahrhunderts hinaus konnte sich, zu seinem großem Bedauern, Wasserglas als Produkt – und damit die industrielle Produktion – nicht so recht durchsetzen. Der entscheidende Unterschied zwischen der bekannten, nicht beständigen Kieselfeuchtigkeit und dem Wasserglas war noch nicht wahrgenommen worden, was wohl auf eine falsche Verwendung oder auf technische Qualitätsschwankungen zurückzuführen ist. Bis 1850 waren *Fuchs* und sein Schüler *Max von Pettenkofer* (1818–1901), der ein bedeutender Verfechter der Wasserglastechnik war und hier eine Fülle von Neuerungen einführte, gemeinsame Inhaber einer Wasserglasfabrik.

Einzig der Elsässer Chemiker *Karl Friedrich Kuhlmann* (1803–1881) griff die Entdeckung von *Fuchs* auf und ließ Wasserglas – auf den Rat *Justus Freiherr von Liebig*s hin – ab 1850 in seinen Fabriken bei Lille mit Diatomenerde (Kieselgur = amorphe Kieselsäure) herstellen. *Kuhlmann* gelang es bestimmte Pigmente zu entwickeln und in die Wasserglasmalerei einzuführen; so wurde von ihm Blanc Fixe für die Verwendung von Grundierungs- und Deckanstriche vorgeschlagen. Durch den regen Briefwechsel zwischen *Kuhlmann* und *Liebig* über die vielfältigen Anwendungsmöglichkeiten von Wasserglas – regelmäßig publiziert in der Neuen Münchener Zeitung – und die unterdessen extensive Produktion in Frankreich, wurde nun auch das Interesse in der deutschen Öffentlichkeit angeregt.

Auf die Anregung von *Fuchs* widmete sich der Kirchen- und Historienmaler *Josef Schlotthauer* (1789–1869) maltechnischen Studien mit Wasserglas, trieb aber die Wasserglastechnik nicht eigentlich voran. Einzig seine Erfindung der Fixierungsspritze ist erwähnenswert, da – wie er erkannte – bestimmte Pigmente noch negative Begleiterscheinungen zeigten, wie z. B. das Klumpen, vorzeitiges Hartwerden, Kleben am Pinsel. Auch *Fuchs* neuer Mitstreiter, der Maler *Wilhelm von Kaulbach* (1805–1874), begann sich für die neue Technik zu interessieren. Nach dessen Entwürfen wurde damals u. a. an der Fassade der Neuen Pinakothek in München Wandmalereien mit Wasserglasfarben ausgeführt – allerdings von nur kurzem Bestand. Dennoch konnte sich zu Lebzeiten von *Fuchs* Kaliwasserglas weder für die stereochrome Maltechnik noch für andere Einsatzmöglichkeiten erfolgreich behaupten, obwohl er schon dessen vielfältige Eignung, etwa als Binde-, Klebe- und Kittmittel sowie für Glas, Keramik, Holz oder Papier, und als Feuerschutzimprägnierung für Textilien erkannt hatte. Kali- und Natriumwasserglas finden noch heute, vor allem bei der Herstellung von Mineralfarben und mineralischen Anstrichmitteln, in der Industrie verbreitet Verwendung. Obwohl das Wasserglas bis zur Mitte des 19. Jahrhunderts kaum Anerkennung als Bindemittel für witterungsbeständige Wandmalereien fand, entwickelte *Adolf Wilhelm Keim* um 1876 Silikatfarben auf der Basis von Wasserglas.

Durch seine Forschungsarbeiten erreichte die Wasserglastechnik den notwendigen methodisch-variablen, technischen Standard. Gleichzeitig konnte *Adolf Wilhem Keim* (1851–1913) schließlich die Wasserglasmalerei verbessern und zum Erfolg verhelfen. Er errichtete eigens dafür in Augsburg eine chemisch-technische Werkstatt, in der die Dosierungen für Wasserglas überprüft und korrigiert werden konnten und gleichfalls ganz bestimmte Untergründe empfohlen und entwickelt wurden. Die ersten industriell produzierten Farben wurden von *Keim* 1877 in den Handel gebracht, zunächst noch als „verbesserte Stereochromie nach Schlotthauer". Im darauffolgenden Jahr sind erste größere Arbeiten mit Silikatfarben belegt, u. a. in Gögging und in Eichelsberg bei Regensburg. Bald danach nennt er seine Maltechnik „Keimsche Mineralmalerei", die er in diesem Buch über „Mineral-Malerei" 1881 veröffentlichte.

Der aus bescheidenen Verhältnissen stammende *Keim* erlernte nach dem Besuch der Volksschule das Töpferhandwerk. Nach den damals üblichen Wanderjahren im Handwerk durch Deutschland lernte er bei seinem Meister in Regensburg das Herstellen von Glasuren. Hier machte *Keim* vermutlich auch die Bekanntschaft mit einem Malergehilfen aus der Familie *Schlotthauer*s. Nachdem sich aber *Keim* bei Prof. *Emil Erlenmeyer* (1825–1909), der den bauchigen, kugelförmigen Kolben erfunden hatte, an der Industrieschule in Augsburg genügend chemische Kenntnisse angeeignet hatte, konnte er seine chemisch-technische Werkstatt für Wasserglas- und andere Wandmalereitechniken eröffnen. Am 21. Januar 1884 wurde die „Deutsche Gesellschaft für rationelle Malverfahren (Adolf-Wilhelm-Keim-Gesellschaft) e. V." gegründet; am 1. Oktober des selben Jahres erschien auch die erste Nummer der Zeitschrift „Praktisch- und chemisch- Technischen- Mitteilungen für Malerei und Baumaterialienkunde“. Die folgende, reiche publikatorische Tätigkeit *Keims* für diese Zeitschrift geht aus der kleinen Bibliographie am Ende der Einführung hervor, die aufzeigt, daß *Keim* sich nicht nur für Mineralmalerei begeistern konnte.

Prof. *Wilhelm von Lindenschmitt* (d. J. 1829–1895) wurde auf *Keim* aufmerksam und bewegte ihn noch 1886 mit seinem Laboratorium, der „Versuchsanstalt und Auskunftstelle für Maltechnik“ wie *Keim* sie nun nannte, an die Akademie nach München umzusiedeln. 1903 wurde die Versuchsanstalt der Technischen Hochschule München eingegliedert, die dann ab 1908 von dem berühmten Prof. *Alexander Eibner* geleitet wurde. *Keim* organisierte 1893 im Münchener Glaspalast mit der Gesellschaft für rationelle Malverfahren einen Kongreß, bei dem Maltechnik und Malmaterialien vorgestellt und kritisch beleuchtet wurden.

Eine wesentliche Verbesserung in der Wasserglastechnik ergab sich ab 1893 mit der Entwicklung eines hydraulischen Mörtels, der nicht mehr mit Wasserglas gehärtet werden mußte und sich überdies durch die weiße, beim Malen günstige Farbe auszeichnete. Außerdem konnte *Keim* die Pigmente für die Wasserglastechnik vervollkommnen, die sogenannten Mineralfarben, die erheblich bei der Haltbarkeit der Mineralmalerei mitwirken. *Keim* erkannte die notwendige Modifizierung der Pigmente mit Hydroxiden, um eine gleichmäßige Verbindung mit dem Untergrund und ein gleichbleibendes Saugvermögen zu erhalten.

Keim verbesserte die Stereochromie bzw. Mineralmalerei gewissermaßen die künstlerische Wasserglastechnik als sogenannte A-Technik, bei der ein auf diese Technik speziell abgestimmter Putzuntergrund aufgebaut werden muß. Darüber hinaus entwickelte *Keim* Verfahren für die Anstrichtechnik, die noch heute zwischen der B-Technik, als Verfahren für Dekorationsmalerei, und der C-Technik, als reines Anstrichverfahren unterschieden werden.

Aufgrund seiner Forschungen und auch wegen seiner überaus hohen Qualitätsanforderungen war *Keim* stets darauf bedacht, die unter seinem Namen kultivierte Maltechnik abzusichern; das zeigt sich in der Fülle selbst von ihm noch angemeldeter Patente. Außerdem gab es stets Schwierigkeiten bei Mineralfarben, die nicht den Vorschriften entsprechend hergestellt wurden, oder unter illusorischen Namen, häufig verschnitten oder anders verfälscht, im Handel waren, was Auseinandersetzungen mit den Herstellern zur Folge hatte. Aber auch mit den ausführenden Künstlern gab es häufiger Zwistigkeiten, wenn der richtige Aufbau des Putzes, die Verarbeitung des Wasserglases oder die der richtigen Pigmente nicht exakt eingehalten wurde. Das hatte zur Folge, daß diese Maltechnik nie wirklich in Konkurrenz zum echten Fresko, zum *fresco buono*, treten konnten, ein Umstand, der neuerdings nicht mehr zutage tritt.

Keim bezieht sich auch im Hinblick auf seine Mineralmalerei in der Einleitung dieses Buches auf die Geschichte des Frescos, u. a. auf die der Enkaustik und damit auf *J. Roux* und *Ph. L. Geiger*. Heute wird jedoch in der kunsttechnischen Terminologie unter dem Begriff Enkaustik erst einmal eine Malerei mit dem Bindemittel Wachs ohne die Verwendung von Wärme oder Bindemitteln verstanden. Die damals sogenannte „Enkaustik“ ging mit dem Begriff des „Punischen Wachses“ und dem antiken Verfahren der „Ganosis“ nach heutigem Verständnis ganz eigenartige Symbiosen ein. Der Grund für die Art damals abweichender Bezeichnungen mag vor allem in den unterschiedlichen Meinungen nach den Forschungsergebnissen der Wissenschaftler – von der Renaissance an – zu suchen sein. Der eigentliche Verfechter für eine Heiß-Malerei war Dr. *Hans Schmid* (eigentlich *Johann Baptist*, *15.1.1871), der als Geistlicher und Kirchenmaler in München, im Nebenamt als Fachlehrer für Wandmalerei an der Städtischen Kunstschule, später in der Nachfolge von *Keim* tätig war. *Keim* selbst trat aber für eine wachshaltige Ölfarbe, wie *Schlotthauer*, *Fernbach* und *Palmié*, dem sogenannten Wachslöseverfahren ein. Eine **Malfarbe** besteht per Definition aus Pigment und Bindemittel, nicht aber werden verwendete „Löse“mittel, wie man Wärme etwa bezeichnen könnte, erwähnt, da beides naturwissenschaftlich nicht nachweisbar ist.

Chemische Zusammensetzung und Trocknung

Wasserglas ist eine sirupartige klare Lösung von Kali- oder Natronsilikaten in Wasser, zu deren Herstellung ein Gemenge aus Quarzsand, Soda – oder Pottasche – und Kohle geschmolzen wird. Die glasartige Schmelze aus Quarzsand mit Alkalien ist nach dem Abkühlen in Wasser löslich. Wasserglas ist ein Alkalisilikat wechselnder chemischer Zusammensetzung, das echtem Glas ähnelt, sich aber wegen seiner Wasserlöslichkeit davon unterscheidet, die schließlich den Namen gab. Das für Malzwecke brauchbare Kaliwasserglas wird aus Quarzsand (Quarzmehl, gepulvertem Feuerstein) – oder aus amorpher Kieselsäure (gewaschener Kieselgur) – und Kaliumkarbonat (Pottasche, K_2CO_3) als Kalisilikat hergestellt. Schmilzt man Quarz bei 1400 °C mit Kaliumkarbonat unter Abgabe von CO_2 zusammen, so erhält man das Kaliumsalz der Kieselsäure, einem Kaliumsilikat, Kaliwasserglas. Bei einer Herstellung mit Natriumkarbonat (Soda, Na_2Co_3) entsteht Natronwasserglas, das Natriumsalz der Kieselsäure, also Natriumsilikat. Diese lediglich prinzipielle Herstellung und Zusammensetzung von Wasserglas ähnelt in gewisser Weise der des festen Glases – es ist optisch kaum davon zu unterscheiden – bloß mit dem Unterschied, daß Wasserglas nur aus Quarz und Soda (oder Pottasche) besteht, während festes Glas zusätzlich mit Kalkstein hergestellt wird, denn die Kalziumkarbonatkomponente macht Glas bekanntlich erst wasserfest.

Das glasartig aussehende Wasserglas zieht Feuchtigkeit an und zerfließt dabei. Mit gelöschtem Kalk, Magnesia und Zinkoxid entstehen kieselsaure Verbindungen, die im Wasser unlöslich erhärten. Das in Wasser gelöste und meist klare Wasserglas reagiert infolge hydrolytischer Spaltung in Kali- bzw. Natronlauge und freier Kieselsäure alkalisch und trocknet in zwei Phasen. Durch **Verdunsten des Wassers** (Kondensation) bildet sich zunächst eine gallertartige Schicht, das sogenannte Kieselgel. Im Anschluß an diese physikalische Trocknung wird durch die sogenannte **Verkieselung** unter Einfluß der Luftkohlensäure die chemische Umsetzung zu Quarz (also wasserfreier Kieselsäure SiO_2) fortgesetzt. Zum Ende dieses Vorgangs wird nämlich ein Ausgangsmaterial, die Pottasche, wieder frei und außerdem Salze und in gewissem Umfang auch Sulfate. Echtem Glas sehr ähnlich erstarrt Wasserglas zu einer harten, je nach den Bestandteilen, gelblich bis farblos transparenten, glasartigen Masse, die sich pulverisieren und unter Druck und Hitze in Wasser auflösen läßt. Gereinigt und mit Nachbesserungen versehen, erhält man dann das Wasserglas als sirupartige, wasserklare bis gelbliche, stets geruchlose Flüssigkeit im Handel. Es gibt auch Varianten oder spezielle Sorten in Pulverform, die in kaltem Wasser löslich sind. Doppelwasserglas ist eine Mischung zu annähernd gleichen Teilen aus Kali- und Natronwasserglas, während das Fixierungswasserglas aus Kaliwasserglas mit einem 20–25%igen Anteil von Natronwasserglas besteht, das vollständig mit Kieselerde gesättigt wurde.

Malen mit Mineralfarben

Die Keimsche Maltechnik mit Kaliwasserglas als Malmittel ist dadurch gekennzeichnet, daß Pigment und Bindemittel **in sich** und **mit** dem Untergrund verkieseln bzw. „versteinern", ohne die Poren zu verschließen. Mineralfarbenanstriche bzw. Keim-Malereien sind deshalb auch besonders atmungsaktiv. Für Mal- und Anstrichzwekke ist nur das Kaliwasserglas brauchbar, das daher auch Farbenwasserglas genannt wird (Natronwasserglas neigt zu Ausblühungen, die im Anstrich kristallisieren würden und sich als weißlicher Belag zeigen). Als wasserklare und wasserlösliche Flüssigkeit ist Farbenwasserglas im Handel erhältlich, deren Bindemittel aus in Wasser gelöstem Kaliumsilikaten bestehen. Offen – und an der Luft stehend – zersetzt sich Wasserglas, es muß daher gut verschlossen aufbewahrt werden. Von einer Selbstherstellung der Wasserglasfarben ist Malern ebenso abzuraten, wie die vorgegebene Farbenskala eingehalten werden muß, denn ähnlich wie beim Fresco werden spezielle Anforderungen an die Pigmente gestellt. Auch heute noch tragen die Farben den Namen ihres ersten erfolgreichen Herstellers, wie sie ihm auch in der Einteilung der Sorten folgen.

Die Keim-Mineralfarben der **A-Technik** sind das eigentliche Malmaterial für Künstler. Der Malgrund besteht aus dem Untergrund, etwa einem verlängerten Zementmörtel, auf dem in kurzem Abstand der Spezialmalgrund folgt, der mit dem vorigen Auftrag zusammen abbinden soll. Nach völligem Durchtrocknen wird der Kalksinter an der Oberfläche „geätzt". Die spezielle Ätzflüssigkeit wird vorschriftsmäßig verdünnt und satt auf den Putzgrund aufgetragen, der damit für die nachfolgende Malerei aufgeschlossen wird. Die Ätzflüssigkeit zerstört die auf dem Putzgrund entstandene Kalksinterhaut und macht für das Malmittel den Weg in das Innere des Grundputzes frei. Nach dem Ätzen wird kräftig nachgewaschen.

Jetzt wird die zu bemalende Fläche mit destilliertem Wasser vorgenäßt. Die Keim-Künstlerpigmente enthalten Zuschlagstoffe, welche die Verkieselung anregen und befördern sollen, etwa um eine vorzeitige Kieselsäureausfällung zu verhindern. Man verwendet dabei auch gern Pigmente, die wie Zinkweiß mit der Kieselsäure gemeinsam reagieren und dabei Silikate bilden. Die werden in destilliertem Wasser angeteigt geliefert. Der Maler verdünnt den wässerigen Pigmentteig mit destilliertem Wasser nach Belieben weiter und vermalt die Pigment-Schlämme stets in Nässe. Man kann lasierend und dekkend malen, vermeidet aber allzu pastose Farbe. Obschon in dieser Technik durchweg „ins Nasse“ gemalt wird, ist und bleibt die Mineralfarbenmalerei eine Secco-Technik, denn es wird auf einem Putzgrund gemalt, der schon einmal vollständig abgebunden und trokken war. Erst zur Vorbereitung für das Malen ist er genäßt worden. Die Pigmente sind zunächst noch nicht auf dem Malgrund fixiert, sie haften einfach nur durch Adhäsion und ähneln im Pigmentauftrag gleichsam einer Pastellmalerei auf sehr rauhem Grund. Der Maler kann sein Bild jetzt noch korrigieren, die Pigmente mit trockenem Pinsel oder einem nassen Schwamm ganz oder teilweise entfernen und Farbübergänge ineinanderziehen. Die Farben enthalten Zusätze, die sich beim Fixieren chemisch umsetzen. Die ausreichende Fixierung mit einer Wasserglaslösung ist besonders wichtig für die Haltbarkeit der Malerei. Alle Farben müssen unverwischbar abgebunden sein. Man fixiert mehrmals nach bis überall eine ausreichende Bindung erreicht ist. Ein Überfixieren führt aber gewissermaßen zu einer Art „Verschleierung“.

Mit diesem Fixieren der Pigmente setzt die Verkieselung ein, die nicht mehr gestoppt oder rückgängig gemacht werden kann. Das etwas dickflüssige Keim-Fixiermittel besteht aus einer wässerigen Lösung von kieselsaurem Kalium (= Kaliumsilikat) und enthält Stabilisierungsmittel, die seine Lagerfähigkeit verbessern. Es wird vor der Verarbeitung vorschriftsmäßig mit destilliertem Wasser verdünnt und am besten auf die Malerei aufgespritzt. Das Fixiermittel ätzt stark, deshalb: Vorsicht beim Verarbeiten. Hände und Arbeitsgeräte rasch und gründlich säubern! Auch Glas wird angeätzt und sollte deshalb geschützt werden; Spritzer müssen sofort abgewaschen werden.

Die Keim-B-Technik ist die Dekorations-Technik, während die Keim-C-Technik den Anstrichtechniken zugeordnet wird. Die dazu nötigen Pigmente werden trocken, in Pulverform geliefert und mit einem speziellen Malmittel zu einer streichfertigen Anstrichfarbe angerührt, welche auf dem Putzgrund rasch zu einem wetterfesten, chemikalien-beständigen Anstrich auftrocknet. Hier kann natürlich nicht mehr wie in der künstlerischen A-Technik korrigiert werden, da die Verkieselung sofort einsetzt. Die Keimschen B-Farben oder Dekorfarben brauchen weder besonderen Malgrund noch Fixierung. Die präparierten Farben werden mit dem Bindemittel angerührt. Sie sind sehr gut für Malereien innen wie auch für außen zu gebrauchen, d. h., sie können auf zementhaltigem Putz verwendet werden.

Wenn pigmentiert und aufgestrichen wird, dann verdunstet dabei das Wasser und läßt das Bindemittel wieder in den festen Zustand übergehen. Diesem physikalischen Trocknen (Kondensation) schließt sich ein chemisches Durchhärten an (Verkieselung). Dabei wird unter Einfluß der Luftkohlensäure die unlösliche Kieselsäure (Quarz) zurückgebildet und Kaliumkarbonat tritt aus. Kaliumkarbonat zieht Wasser stark an, zerläuft sehr rasch und wird außen bald abgeregnet oder auch einfach nur abgewaschen. Die Pigmente werden dabei in die vollkommen unlöslich werdende, und gegen äußere Einflüsse sehr beständige Quarzschicht, eingebaut, die dann zusammen mit dem Putzgrund verkieselt. Der Mineralfarbenaufstrich steht matt auf der Wand. Bildträger, Malgrund, Pigmente und das Fixativ verkieseln miteinander zu einer unlöslichen quarzähnlichen Silikatschicht, die wetterfest und chemikalienbeständig ist und trotzdem wasserdampf- und luftdurchlässig bleibt. Das sind übrigens die Gründe, warum Denkmalpfleger die Mineralfarbentechnik bei Neuanstrichen sehr schätzen. So stellt die **Mineralmalerei** bei richtiger Anwendung eine maltechnisch und technologische Delikatesse dar. *Max Doerner* schrieb 1938 und es gilt noch heute: „Es muß aber betont werden, daß hier alles von der genauen Befolgung der Vorschriften abhängt. Sonst könnten sich Mißerfolge ergeben“. Wer also mit Mineralfarben malen oder anstreichen will, sollte sich stets beim Hersteller über das Material und seine Verarbeitung genau informieren und alle Zweifel klären, bevor er damit die Arbeit beginnt.

Bibliographie

Maltechnik

1 Beiträge zur Ölfarbentechnik, in: Technische Mitteilungen für Malerei (T.M.f.M.), 1, 1884, Nr. 2; S. 2
2.1 Ueber die modernen Künstlerölfarben, Teil 1, in: T.M.f.M. 2, 1885, Nr. 8; S. 25 f
2.2 Ueber die modernen Künstlerölfarben, Teil 2, in: T.M.f.M., Nr. 9; S. 29 f
3 Plinius über die Malerfarben, in: T.M.f.M. 3, 1886, Nr. 22; S. 29 f
4 Die Moderne Farbenindustrie und die Interessen der Farbenkonsumenten, in: T.M.f.M. 4, 1887, Nr. 36; S. 77 f
5 Ueber die Verwendung des Walrath (Sperma ceti) als Zusatz zu den Ölfarben, in: T.M.f.M. 4, 1887, Nr. 32; S. 41
6 Zur Geschichte der Harzölfarben, in: T.M.f.M. 4, 1887; S. 66–67
7 Die Moderne Farbenindustrie und die Interessen der Farbenkonsumenten, in: T.M.f.M. 5, 1888, Nr. 48; S. 85–94
8 Über Freskomaltechnik, in: T.M.f.M. 5, 1888, Nr. 52/53; S. 124–131
9 Grundlagen für eine rationelle Technik der Ölmalerei, in: T.M.f.M. 6, 1889, Nr. 78–80; S. 109–127
10 Denkschrift über die Notwendigkeit, Mittel und Wege einer Verbesserung unserer Maltechnik auf dem Gebiet der Kunst und des Handwerks. München 1890
11 Ein Beitrag zur Praxis der Ölmalerei und die Verwendung des Wachses bei derselben, in: T.M.f.M. 7, 1890; S. 195–197
12 Meine Stellung in Sachen der sogenannten Petroleummalerei, in: T.M.f.M. 7, 1890, Nr. 96; S. 61–68
13 Ueber die Raffaelischen Ölfarbenstifte, in: T.M.f.M. 19, 1903, Nr. 20; S. 241–247
14 Ueber Mal-Technik. Ein Beitrag zur Beförderung rationeller Malverfahren. Leipzig 1903 (Dieser Beitrag wird der besseren Klarheit halber unter Nummer 32 speziell zum Thema Mineralmalerei nochmals aufgeführt.)
15 Kann künstliches Alizarin den Krappfarbstoff in der Malerei ersetzen? in: T.M.f.M. 20, 1904, Nr. 17; S. 191 ff
16.1 Zum Kapitel Farbenfälschung und Farbenschlendrian, Teil 1, in: T.M.f.M. 20, 1904, Nr. 17; S. 189–191 (Teil 1)

16.2 Zum Kapitel Farbenfälschung und Farbenschlendrian, Teil 2, in: T.M.f.M., Nr. 18; S. 198–205
16.3 Zum Kapitel Farbenfälschung und Farbenschlendrian, Teil 3, in: T.M.f.M., Nr. 21; S. 238 –242
16.4 Zum Kapitel Farbenfälschung und Farbenschlendrian, Teil 4, in: T.M.f.M., Nr. 22; S. 258–261
16.5 Zum Kapitel Farbenfälschung und Farbenschlendrian, Teil 5, in: T.M.f.M., 1904, Nr. 23; S. 267–270
16.6 Zum Kapitel Farbenfälschung und Farbenschlendrian, Teil 6, in: T.M.f.M. 21, 1905, Nr. 1, S. 3–6
16.7 Zum Kapitel Farbenfälschung und Farbenschlendrian, Teil 7, in: T.M.f.M. 21, 1905, Nr. 3, S. 16–18
17.1 Der Gips, seine Eigenschaften und seine Verwendung in der Mal- und Anstrichtechnik und in seinen direkten Beziehungen zu denselben, Teil 1, in: T.M.f.M. 28, 1911, Nr. 16; S. 145–149
17.2 Der Gips, seine Eigenschaften und seine Verwendung in der Mal- und Anstrichtechnik und in seinen direkten Beziehungen zu denselben, Teil 2, in: T.M.f.M., Nr. 17; S. 153–157
18 Bleiweiß, in: T.M.f.M. 29, 1912, Nr. 8; S. 70–73
19 Kreide, in: T.M.f.M. 29, 1912, Nr. 11; S. 99–100
20 Lithoponeweiß, in: T.M.f.M. 29, 1912, Nr. 10; S. 90–91
21 Ueber die Eigenschaften und die Verwendbarkeit des Zinnobers, in: T.M.f.M. 28, 1912, Nr. 12; S. 7 ff
22 Weisser Ton, in: T.M.f.M. 29, 1912, Nr. 12; S. 105–107
23 Zinkweiß, in: T.M.f.M. 29, 1912, Nr. 9; S. 85 f

Speziell: Mineralmalerei und Silikattechnik

24 Die Mineralmalerei. Neues Verfahren zur Herstellung witterungsbeständiger Wandgemälde. Technisch-wissenschaftliche Anleitung. Wien, Pest, Leipzig 1881 (Hartleben's Chemisch Technische Bibliothek, Bd. 78)
25 Fassadenbemalung, in: T.M.f.M. 7, 1890, Nr. 16; S. 156–158
26.1 Stereochromie und Mineralmalerei, Teil 1, in: T.M.f.M. 7, 1890; S. 172–181
26.2 Stereochromie und Mineralmalerei, Teil 2, in: T.M.f.M., S. 198–200;
26.3 Stereochromie und Mineralmalerei, Teil 3, in: T.M.f.M., S. 209–213;

26.4 Stereochromie und Mineralmalerei, Teil 4, in: T.M.f.M., S. 222–226
27 Keimsche Mineralmalerei, in: T.M.f.M. 7, 1890; S. 150
28.1 Oeffentliche Erklärung betreffend die Fabrikation der Keimschen Farben und Malmittel, Teil 1, in: T.M.f.M. 7, 1890; S. 172–181
28.2 Oeffentliche Erklärung betreffend die Fabrikation der Keimschen Farben und Malmittel, Teil 2, in: T.M.f.M. 8, 1891; S. 166–167
28.3 Oeffentliche Erklärung betreffend die Fabrikation der Keimschen Farben und Malmittel, Teil 3, in: T.M.f.M. 9, 1892; 1S. 45–47
29.1 Die Keimsche Mineralmalerei und Ihre praktische Anwendung, Teil 1, in: T.M.f.M. 12, 1895, Nr. 1; S. 7–9
29.2 Die Keimsche Mineralmalerei und Ihre praktische Anwendung, Teil 2, in: T.M.f.M. 12, 1895, Nr. 2; S. 4–6
29.3 Die Keimsche Mineralmalerei und Ihre praktische Anwendung, Teil 3, in: T.M.f.M., Nr. 3; S. 1–3
29.4 Die Keimsche Mineralmalerei und Ihre praktische Anwendung, Teil 4, in: T.M.f.M., Nr. 4; S. 3 –5
30 Wetterfeste Keimsche Mineral-Anstrichfarben, in: T.M.f.M. 13, 1896, Nr. 4; S. 1 –5, Nr. 5; S. 3–4
31 Die Kesslerschen Fluate, in: T.M.f.M. 19, 1903, Nr. 18; S. 213–215; Nr. 19; S. 233–235
32 Mineralmalerei, in: Ueber Mal-Technik. Ein Beitrag zur Beförderung rationeller Malverfahren. Leipzig 1903; S. 157–169. (Dieser Beitrag wurde vormals unter Nummer 14 zum Thema Mineralmalerei aufgeführt.)
33 Malereien und Anstriche mit Silikatfarben und was damit zusammenhängt, in: T.M.f.M. 28, 1912, Nr. 22; S. 200–204; Nr. 23; S. 217–221

Gemäldepflege

34 Die Restaurierung der Hofgartenfresken in München, in: T.M.f.M. 2, 1885, S. 3–4
35 Mitteilung einer Sammlung für Gemäldekunde, in: T.M.f.M. 19, 1903, Nr. 22; S. 265 f
36 Über Pflege von Gemälden, in: T.M.f.M. 29, 1913, Nr. 19; S. 180–184; Nr. 20; S. 197–202; Nr. 12, S. 215 ff

Die

Mineral-Malerei.

Neues Verfahren zur Herstellung witterungsbeständiger Wandgemälde.

Technisch-wissenschaftliche Anleitung

von

A. Keim.

Wien. Pest. Leipzig.
A. Hartleben's Verlag.
1881.

Druck von Friedrich Jasper in Wien.

Vorwort.

Die Herausgabe der vorliegenden kleinen Arbeit bezweckt die Veröffentlichung der wissenschaftlichen und erfahrungsgemäßen Begründung einer neuen Monumental-Maltechnik, »Mineralmalerei« genannt, um dadurch dem Künstler und Bauverständigen ꝛc. Gelegenheit zu geben, diese Malmethode mit günstigem Erfolge in Anwendung bringen zu können. Dieselben sollen hierdurch in den Stand gesetzt werden, die zur Herstellung schöner und dauerhafter Gemälde nothwendigen kleinen Vorarbeiten selbst ausführen oder leiten zu können.

Es ist gewiß nicht zu bestreiten, daß in vielen Fällen die Hauptursache des so frühen Verfalles stereochromischer, wie al fresco gemalter Kunstwerke nicht allein in der allerdings erwiesenen Mangelhaftigkeit dieser Malmethoden selbst, als vielmehr auch darin gelegen ist, daß bei Ausführung derselben nicht mit der nöthigen Sachkenntniß und Vorsicht zu Werke gegangen wurde. Solche Uebelstände sollen durch diese Arbeit für die Mineralmalerei vermieden werden, da auch hier einige Sorgfalt und gewissenhaftes Arbeiten unerläßlich und die nothwendige Bedingung eines guten Erfolges ist.

Es sollen aber auch noch die Vortheile gezeigt werden, welche diese Monumental-Malart gegenüber der Stereochromie und der Frescomalerei bietet, und werden daher auch diese beiden letzteren einer Besprechung unterzogen werden. Es ist dieses um so nothwendiger, als die von dem hochverdienten Mineralogen, Oberbergrath von Fuchs, gemeinsam mit Professor Schlotthauer, Ende der Dreißiger Jahre erfundene Stereochromie die Grundlage bildete, auf der ich blos weiter gearbeitet habe.

Der Name Mineralmalerei wurde deshalb gewählt, weil bei Herstellung von Wandgemälden nach dieser Methode dieselben Stoffe zur Verwendung kommen und ähnliche chemische Verbindungen erzielt werden, wie selbe bei Bildung und in der Zusammensetzung einer großen Anzahl natürlicher farbloser und farbiger Mineralien, nämlich in den Silicaten (kieselsauren Verbindungen, welche die beständigsten und härtesten Fels- und Steingebilde in der Natur ausmachen) aufeinander wirkten, respective in denselben vorhanden sind.

Obwohl, gestützt auf die überaus günstigen thatsächlichen Erfolge, viele günstige Urtheile verschiedener Fachleute und der in- und ausländischen Presse die die Nützlichkeit dieser Erfindung anerkennen, so trat ihr aber andererseits auch nicht minder hemmend jenes leider in der Gegenwart oft zu sehr gerechtfertigte Mißtrauen, welches ja allen Neuheiten entgegengebracht wird, in den Weg. Es wird indessen auch hier sich die Thatsache Geltung verschaffen, daß das wirklich Gute und Nutzbringende nicht vergeblich um den wenn auch schwer und erst spät zu erringenden Sieg kämpft.

Ich glaube aber auch, die durch gewissenhaftes Studium und erschöpfende praktische Versuche gewonnenen Resultate, welche meines Erachtens für die monumentale Malkunst von höchster Bedeutung sein dürften, der Oeffentlichkeit nicht entziehen zu dürfen, da diese Malart ein Mittel an die Hand giebt, stets die Schöpfungen der Künstler in unveränderlicher Pracht und Schönheit den kommenden Generationen als beredte Zeugen des Kunstsinnes des jeweiligen Zeitalters überliefern zu können. Gewiß ist aber auch die Annahme als eine gerechtfertigte zu betrachten, daß, wenn durch ein Verfahren Garantie für die dauernde Erhaltung unserer monumentalen Kunstschöpfungen geboten werden kann, die Kunst selbst, insbesondere die Monumental-Malkunst, neu belebt und gefördert werden dürfte.

Möge diese Arbeit in den maßgebenden Kreisen freundliche Aufnahme finden und der Kunst nutzbringend werden.

Der Verfasser.

Erster Theil.

Allgemeine Betrachtungen über die Frescomalerei, Stereochromie und Mineralmalerei.

Einleitung.

Ehe ich zu einer eingehenderen Besprechung und Begründung der von der neuen Monumental-Maltechnik behaupteten Vortheile ꝛc. übergehe, dürfte es angezeigt erscheinen, auf die hauptsächlichsten bisherigen Malmethoden, Frescomalerei und Stereochromie einen Rückblick zu werfen.

Die Frescomalerei ist die Kunst, mit Wasserfarben Bilder auf noch feuchten Kalkwänden darzustellen. Wer diese Kunst erfand und welches Volk sie zuerst betrieb, ist noch unerforscht. Wir haben sie bei den alten Römern gefunden, wie die Ausgrabungen von Baudenkmälern bewiesen, z. B. in Herkulanum und Pompeji; wir wissen, daß sie unter den Griechen in hoher Blüthe stand und fanden ihre Spuren unter den egyptischen Bauten jener Zeiten, in denen man von Griechenland noch wenig wußte.

Herrschen über die Art und Weise der Ausführung dieser Wandmalereien auch noch die verschiedensten Zweifel, so hat uns die Chemie doch eine Frage mit größter Bestimmtheit dahin beantwortet, daß stets nur der kohlensaure Kalk das eigentliche Bindemittel dieser antiken Wandmalereien ist, und werden daher dieselben mit vollem Rechte als Kalk-, respective Frescomalereien bezeichnet. Es dürfte für den vorliegenden Fall von größtem Interesse sein, zu hören, wie Professor Schafheutl in Dinglers »Polit. Journ.« über die in Pompeji ausgegrabenen Malereien sich aus-

ausspricht. Derselbe sagt in obiger Fachzeitschrift, Band 95, S. 76, Folgendes:

»Man hat gar viel von der Unzerstörbarkeit dieser antiken Wandmalereien gefabelt, die dem Zahn der Zeit durch nahe zwei Jahrtausende getrotzt; allein diese Unzerstörbarkeit ist nur scheinbar und Nebenumständen zuzuschreiben, unter denen sich jedes Frescogemälde so lange erhalten haben würde.

»Alle dem Einfluß der Witterung ausgesetzten pompejischen Wandgemälde sind nämlich gegenwärtig in einem Zustande, in dem sie ihrer raschen Zerstörung entgegengehen, und ein bekannter Künstler, welcher viele der schönsten Malereien noch vor neun Jahren im besten Zustande gesehen und copirt hat, fand in diesem Herbste von vielen derselben kaum mehr erkennbare Spuren. Die ehemals spiegelglänzenden monochromatischen Felder der Wände haben ihren Spiegelglanz bis auf einige Stellen im Hause des Diomedes und eine Wand in Herkulanum so sehr verloren, daß sie das Licht entweder gar nicht mehr, oder nur unter einem sehr stumpfen Winkel spiegelnd zurückwerfen, und ein paar Fröste in den letzten Jahren haben so mächtig auf diese antiken Ueberreste gewirkt, daß sich, wo nur einigermaßen der Regen hintrifft, die Farben abblättern, oder daß dieselben überhaupt vom Wasser abgewaschen werden können. Wo sich der Glanz der Flächen jedoch nur einigermaßen erhalten hat, ist die Farbe so fest, daß sie jedem Auflösungsmittel, das nicht sauer ist, widersteht; denn alle diese Gemälde sind nicht durch Harz oder Wachs, sondern durch eine dünne Kruste kohlensauren, krystallinischen Kalkes geschützt.

»Unter dieser dünnen Kruste sind alle Farben durch Wasser abwischbar, als wenn sie erst seit wenigen Tagen auf die Kalkunterlage aufgetragen worden wären. Was jedoch nicht Frost, Regen u. dergl. zur Zerstörung der unauflöslichen Oberfläche dieser Wandgemälde gethan, das hat die Hand des Menschen vollbracht. Die Gemälde nämlich, wozu mehrere der größten und am geistreichsten ausgeführten gehören, werden von den Custoden, um sie den Fremden in höchst möglicher Klarheit zu zeigen, jedesmal mit einem Schwamm in Wasser getaucht überfahren, und da dies bei dem Andrang von Fremden seit einer Reihe von Jahren fast täglich mehrere Male wiederholt wird, so ist endlich das unauflösliche Häutchen bei den sehr pastös aufgelegten Farben beinahe so vollkommen abgerieben, daß bald mittelst des Schwammes von Farbe nichts mehr wegzuwaschen übrig bleiben wird. Wo ferner Gemälde überhaupt den Händen zugänglich sind, findet man sie durch Berührung der vielen tausend Fremden, die überhaupt nie sehen können, ohne durch den Tastsinn unterstützt zu sein, so mit Schmutz überdeckt und so polirt auf der Oberfläche, daß manche mehr als den Fettglanz der menschlichen Haut zeigen, der Cornelius so sehr auffiel. Dazu kommt noch, daß diese Wandmalereien, obwohl schon hundertmal copirt, von Künstlern immer wieder und wieder copirt werden, die gleichfalls, um ihre Färbung zu sehen, die Gemälde mit Wasser anstreichen, und dies so oft wiederholen, als die Deutlichkeit der Färbung zu verschwinden anfängt.«

Die Zerstörbarkeit dieser merkwürdigen Ueberreste der Malerei des Alterthums ist von den früheren Directoren, denen die Erhaltung dieser Ueberreste zur Pflicht gemacht war, gar wohl erkannt worden; man hat deshalb mehrere der vorzüglichsten tableauartigen Wandgemälde noch an den Wänden mit einem Firniß aus Sandarakharz überzogen; auch diese zeigen, obwohl der Firniß jetzt beinahe weggewaschen worden ist, noch immer Harzglanz. Mehrere der interessantesten von den Wänden abgenommenen und im Museum von Neapel aufbewahrten herkulanischen und pompejischen Wandmalereien sind gleichfalls ihrer Erhaltung wegen mit einem Harz, theils sogar mit einem dicken Wachsfirniß überzogen worden, der den früher so lebendig frischen Kunstwerken einen auf den oberflächlichen Blick erkennbaren Wachsglanz verleiht, welcher auch die Ursache ist, daß Hunderte von Beschauern die enkaustischen Malereien der Alten hier wieder in ihrer vollen Glorie zu sehen glaubten.

Der feste Glaube an die Unzerstörbarkeit dieser merkwürdigen Ueberreste des Alterthums im Vergleiche mit den Oelgemälden unserer Zeit, die beinahe vor unseren Augen ihre Selbstzerstörung einleiten, hat vom Anfang ihrer Entdeckung bis auf jetzige Zeiten das Interesse der Künstler und Archäologen im höchsten Grade rege erhalten, weniger das des Naturforschers und Chemikers, so daß wissenschaftlich-technische Untersuchungen an Ort und Stelle von einem Manne, dessen Name Bürgschaft leistet für die meisterhafte Behandlung seiner Aufgabe, nur von einem einzigen Chemiker unternommen worden ist, nämlich von dem berühmten Engländer Humphry Davy. Vor ihm hatte nur der gleichfalls ausgezeichnete Chemiker Chaptal von der damaligen Kaiserin, Pigmente aus den Farbentöpfchen im aufgefundenen Hause des Farbenhändlers zu Pompeji (die noch gegenwärtig im Museum zu Neapel sind), zur Untersuchung erhalten und den Gang seiner Arbeit und die Resultate derselben auf $4^1/_2$ großgedruckten Octavblättern im 70. Band der »Annales de Chimie«, April 1809, bekannt gemacht. Nach Davy sind ähnliche Untersuchungen nur noch von Ph. B. Geiger in Heidelberg angestellt worden, der sie auch mit der Auslegung von Professor Roux in seinem »Magazin für Pharmacie«, Band 12, S. 135, bekannt machte.

Allein der als Chemiker sehr gewandte Geiger hat diese Fragmente, von welchen er seine überdies mit Kalk gemengten Pigmente nur in der geringen Quantiät von 1—2 Gran abzuschaben vermochte, nur wieder aus zweiter und dritter Hand erhalten; es war also über deren eigentlichen Ursprung nichts mit Sicherheit auszumitteln.

Daß die von Geiger untersuchten Fragmente, wie sie in seine Hände geriethen, aus den gegenwärtig aufgedeckten Theilen von Pompeji nicht herrühren konnten, ergiebt sich aus der Beschreibung von Professor Roux. Dieser sagt nämlich (S. 168 in »Geiger's Magazin«):

»Alle Farben, ausgenommen das auf Zinnober aufgetragene Weiß, waren vom Wachs so durchdrungen, daß man das Wachs sogar dick oben aufliegend mit dem Nagel poliren konnte; ja, beim Erhitzen wurden die Oberflächen im Augenblick glänzend und waren sogar klebricht anzufühlen. Nun fand aber Davy an allen von ihm untersuchten Fragmenten, selbst mit Beihilfe aller chemischen Mittel, keine Spur von Wachsfirniß und vegetabilischen oder thierischen Leimen, und meine Untersuchungen sowohl an Ort und Stelle, als vorzüglich in München, stimmen ganz mit Davy's Resultaten überein. Ich habe nämlich von allen charakteristischen pompejischen Malereien Fragmente untersucht und kein Stückchen gefunden, das auch nur in einem der äußeren Merkmale mit den von Professor Roux beschriebenen und von Geiger untersuchten übereingekommen wäre. So thaten die genauesten chemischen Analysen dar: daß in keiner der gegenwärtig aufgedeckten bedeutenden Wandmalereien in Pompeji Wachs, Harz, Oel, thierischer Leim oder ihre Verbindungsproducte mit Kalk vorhanden waren. Daß alle diese Bindemittel von der Zeit nicht so zerstört worden sein konnten, daß es nicht leicht möglich wäre, ihre Ueberreste wieder aufzufinden, sieht Jeder ein, der mit chemischen Verbindungen solcher Art bekannt ist; ja, diese Unzerstörbarkeit wachsartiger Bindemittel ist schon dadurch erwiesen, daß sich Scheiben von Wachs, dann Bernstein, Asphalt, Pech, Schwefel, sogar Seife unversehrt unter dieser Asche erhalten haben, die auch die Gemälde verhüllt.

»Es ist deshalb gewiß, daß die von Geiger untersuchten Fragmente von jenen alten Wandgemälden waren, die zu ihrer besseren Conservation mit Wachsfirniß überzogen, jetzt im Museum zu Neapel aufbewahrt werden.

»Der gegenwärtige Zustand der pompejischen Wandgemälde und die mechanische und chemische Untersuchung derselben thut bis zur Evidenz dar, daß das die Erhaltung pompejischer Gemälde Bedingende ein sehr dünnes Häutchen von kohlensaurem Kalk ist, welches auf der Oberfläche liegt, und daß, weit entfernt die Farben von Harz oder Wachs durchdrungen zu finden, diese Farben unter der sehr dünnen Kruste von kohlensaurem Kalk sich noch ebenso gegen das Wasser verhalten, wie wenn sie erst frisch mit Wasser aufgetragen worden wären. Bei unseren Frescomalereien ist es jedoch gleichfalls nur das Häutchen von kohlensaurem Kalk, das die Farben gegen die Einwirkung des Wassers schützt; unter dieser Kruste verhalten sie sich gegen das Wasser ꝛc. gerade wie die pompejischen ꝛc.

»Der Mörtel, welcher den pompejischen Wandmalereien als Unterlage dient, ist ein Gemenge von Kalk und Meeressand, welch' letzterer aus Lavastückchen besteht und oft noch Fragmente von Schalthieren, ja, ganze Schalen enthält. Auf ihn ist vorzüglich an den Sockeln die dunklere Farbe sogleich unmittelbar aufgetragen; bei den Feldern der Wände jedoch findet sich auf diesem Mörtel noch eine dünne Lage von Stucco, von Marmorkörnern und kohlensaurem Kalke wohl unter, selten über eine Pariser Linie in Dicke. Vitruv hingegen schreibt vor, drei verschiedene Lagen von Kalkstucco übereinander aufzutragen, vom gröbsten bis zum feinsten Korne übergehend. Diese sorgfältige Behandlung findet sich nur im Stucco aus den Bädern des Titus und der Livia in Rom und im Grunde der sogenannten Aldobrandinischen Hochzeit; ja, Davy sagt ganz gut: man könne daraus auf das Alter der Ruinen zu Rom schließen, denn nur in den ersten Tagen der Kunst findet man den Stucco mit solcher Sorgfalt aufgetragen und behandelt.

»Die Farben und Pigmente, deren sich die Maler von Pompeji bedienten, sind dieselben, wie sie Davy beschrieb: ihre gelben und rothen Farben waren in der Hauptsache aus einem Körper, dem ockerigen, gelben Eisenoxydhydrat. Je nachdem dieses mehr oder weniger der Hitze ausgesetzt wurde, verwandelte es sich in rothe Ocker von verschiedener Tinte.

»Als im Ganzen ungewöhnlicher Farben bedienten sie sich des Zinnobers, der Mennige und des Massicot, jener als rother Farben, dieser als gelber. Die blaue Farbe war eine Glasfritte, gefärbt mit Kupferoxyd, ziemlich grob gemahlen. Die lebhaft grünen sind kohlensaures Kupferoxyd, die schmutziggrünen Veroneseererde. Die schwarze Farbe ist immer fein zertheilter Kohlenstoff; die braune Eisenocker von verschiedenen Nuancen und dann Wad oder Manganoxydhydrat. Die weiße Farbe besteht immer bei gewöhnlichen Ornamenten zum Theile ganz aus kohlensaurem Kalk; größtentheils jedoch ist sie ein Gemenge von kohlensaurem Kalk und fetter weißer Thonerde, zuweilen fand ich auch den kohlensauren Kalk mit ebenso viel Gyps und Thon gemengt u. s. f.

»Man sieht, die Alten bei ihrem richtigen Tacte und Scharfsinn wählten zu ihren Farben nur solche, die unter allen geeignet waren, am längsten den Einflüssen der Zeit zu widerstehen; sie bedienten sich zur Fixirung dieser Farben eines besseren Vehikels als Wachs, Harz oder Leim, nämlich in der Hauptsache des kohlensauren Kalkes, der an Härte und Unzerstörbarkeit wächst mit der Zeit.«

Diesen Ausführungen des Professors Schafheutl, nach welchem also die pompejischen Wandgemälde als Bindemittel kohlensauren Kalk enthalten, steht zwar eine neuere Behauptung des Professors Willibald Artus in Jena entgegen, welcher sich in seiner Fachzeitschrift »Der Technolog«, I. Heft, I. Jahrgang (1877), S. 25, dahin vernehmen läßt, daß die Pompejianer schon vor Jahrtausenden mit der Anwendung des Wasserglases vertraut gewesen seien und daß deren Wandmalereien einen Ueberzug von Wasserglas tragen sollen. Ein in Herkulanum aufgefundenes und ihm zu Handen gekommenes Bruchstück einer alten Wandmalerei, welches er untersuchte, habe der Hauptsache nach aus Cement bestanden und auf der bemalten Seite des Stückes habe sich eine Glasschicht vorgefunden, die noch so schön gewesen sei, als wenn sie erst vor wenigen Tagen aufgetragen worden wäre.

Bei den mehrfach angestellten Analysen habe sich nun zu seinem Erstaunen herausgestellt, daß dieser glasartige Ueberzug sich als Wasserglas, aber als eine ganz andere chemische Zusammensetzung als unser deutsches Wasserglas, erwies. Es sei nämlich in demselben ein Kalkgehalt nachweisbar gewesen.

Dem gegenüber ist aber, außer den ganz präcisen Schafheutl'schen Ausführungen, hier in's Auge zu fassen, daß uns bisher alle Beweise dafür mangeln, daß die Alten von der Darstellung und Anwendung des Wasserglases

Kenntniß hatten, wie auch der weitere Umstand gegen diese Annahme zu sprechen scheint, daß weder an den Malstätten, noch auch an anderen Orten vom Wasserglase auch nicht die geringsten Spuren aufgefunden wurden. Es dürfte indessen die eine Möglichkeit, bei der unbezweifelten Richtigkeit der Artus'schen Analysen, durchaus nicht ausgeschlossen sein, daß ihm Bruchstücke eines jener Gemälde zu Handen gekommen, welche auf Veranlassung des Chemikers v. Fuchs, wie Professor Schlotthauer mittheilte, zu ihrer besseren Conservirung mit Wasserglas imprägnirt worden waren.

An einigen, mir durch die Güte des Präparators Gerbl in München überlassenen Bruchstücken pompejischer Wandgemälde, wie auch an anderen alten römischen Wandmalereien, welche in der Nähe von Friedberg aufgefunden wurden, fand ich nur kohlensauren Kalk als Bindemittel der Farben. Ein Tropfen Chlorwasserstoffsäure, ja verdünnte Essigsäure genügte schon, um unter Aufbrausen die Farben zu lösen, welche sodann ganz leicht mit Wasser abgewaschen werden konnten, während stereochromische, also mit Wasserglas fixirte Gemälde der Neuzeit, selbst concentrirter Salzsäure einen bedeutenden Widerstand entgegensetzen und fast gar nicht oder wenigstens erst nach längerer Einwirkung davon angegriffen werden.

Es erscheint sohin die Thatsache, daß bei diesen alten Wandmalereien der kohlensaure Kalk als Bindemittel der Farben diente, nicht im Geringsten alterirt.

Die Frescomalerei.

Der geschichtlichen Entwickelung der Monumental-Malkunst, welche bei der Beschränktheit des Raumes allerdings nur skizzenhaft behandelt werden kann, wieder folgend, sehen wir, daß die Frescomalerei von den Griechen an die Römer überging und mit dem Verfall des Römerreiches aber selbst mit in Verfall gerieth. Im XIII. Jahrhundert nach Chr. erst waren es einige italienische Künstler, welche die Frescomalerei wieder aufgriffen und neue Kunstwerke zu schaffen sich bestrebten.

Im selben Jahrhundert findet die Malerei al fresco sich auch wieder in Deutschland vor. Im XVI. Jahrhundert, das erstemal seit der Griechenzeit, sehen wir sie hier auf ihrem Glanzpunkte stehend, aber schon mit der nächsten Generation wieder ihrem Niedergange entgegeneilend. Fast zwei Jahrhunderte wurde nur Stümperhaftes geleistet.

Erst in der Neuzeit war es den Künstlern Cornelius, Overbeck, Schadow u. A. vorbehalten, dem uralten Kunstzweige wieder Geltung zu verschaffen. In Deutschland war es der kunstliebende und kunstfördernde König Ludwig I. von Bayern, der den Impuls zur Pflege der Frescomalerei hervorrief. Er ließ zunächst unter Cornelius' Leitung durch Schlotthauer, Zimmermann u. A. die Glyptothek in München mit trojanischen Kriegsbildern, Scenen aus der griechischen Mythologie 2c. schmücken; Heinrich Heß malte die Fresken in der Allerheiligen Hofkapelle in alterthümlichem Style auf Goldgrund u. s. w.

Das großartigste von allen in der Neuzeit ist das Deckengemälde in der Ludwigskirche in München, das von P. v. Cornelius ganz von seiner Hand ausgeführte »Jüngste Gericht«, welches die Wand hinter dem Hochaltar einnimmt. — Außer in München entstanden Kunstwerke der Frescomalerei und Enkaustik in der königl. Villa zu Aschaffenburg, in der Ruhmeshalle und im Dom zu Speyer.

Nächst Bayern sahen wir vorzügliche Werke in Württemberg, namentlich in den königl. Lustschlössern zu Ludwigsburg und Cannstatt, ebenso in verschiedenen Orten am Rhein entstehen, besonders in der Zeit, in welcher Cornelius die Maler-Akademie in Düsseldorf dirigirte, wie die Malereien im Kölner Dom (von Steinle), in der Aula zu Bonn 2c.

Als ein Haupthinderniß, welches der allgemeineren Verbreitung der Frescomalerei*) in den Weg trat, sind die großen technischen Schwierigkeiten und die große Uebung und Gewandtheit, welche sie erfordert, zu betrachten, weshalb sich ihr auch stets nur ein äußerst geringer Bruchtheil der Künstler zuwandte. Aber auch in Bezug auf ihre Dauerhaftigkeit entsprach sie den an sie zu stellenden Anforderungen wenig, indem selbst in gedeckten Räumen die Gemälde es oft nur auf wenige Jahrzehnte bringen konnten. Allerdings soll sie sich in südlichen Ländern besser als bei uns bewährt haben; v. Fuchs sagt hierüber, Abhandlung über die Bereitung 2c. des Wasserglases, München 1857, S. 59:

»Es unterliegt keinem Zweifel, daß die Frescomalereien in südlichen Ländern, z. B. Italien, weit länger sich gut erhalten als in nördlichen, z. B. bei uns in diesem rauhen

---

*) al fresco heißt „ganz frisch" und Michael Angelo Buonarotti sagte von ihr: „Die Frescomalerei ist die Kunst gewandter, kräftiger, rascher Männer."

Klima; daß aber auch in jenen der Zahn der Zeit nicht ruhig und unthätig ist, beweisen Raphael's Fresken in den Loggien im Vatican, welche schon merklich angegriffen sind.«

Was nun die technischen Schwierigkeiten der Frescomalerei betrifft, so haftet nämlich nur derjenige Strich bleibend, der auf den noch nassen, frischen Bewurf gebracht wird und zugleich mit ihm verhärtet. Hierbei wandelt sich der Aetzkalk an der Oberfläche des Bildes durch Einwirkung der in der Luft vorhandenen Kohlensäure in krystallinischen kohlensauren Kalk um, der dann das Fixirungsmittel der Farben bildet. Es darf daher der Malgrund nur stückweise aufgetragen werden, und zwar nur so viel, als der Künstler in 6—8 Stunden zu bemalen im Stande ist.

Ist das Tagewerk des Künstlers beendet oder will er die Arbeit unterbrechen, so muß der noch nicht bemalte Grund rings um das fertige Gemäldestück glatt abgeschnitten und für die Arbeit des nächsten Tages wieder frisch aufgetragen werden.

Das Malen selbst hat insoferne seine Schwierigkeiten, als die verschiedenen Farbentinten auf der Wand nur immer in feiner, eleganter Stufenfolge aneinander gesetzt werden müssen, indem sich nichts vertreiben läßt. Verfehltes läßt sich nur äußerst schwer verbessern und müssen deshalb die Pinselstriche mit Freiheit und Sicherheit gezogen werden.

Diesen beregten Uebelständen abzuhelfen und um die angebliche Dauerhaftigkeit der antiken Wandmalereien wieder zu erreichen, machte sich in den Dreißiger Jahren der Akademieprofessor Schlotthauer in München, obwohl selbst nicht Chemiker von Fach, daran, die Ursachen der Unverwüstlichkeit der alten Wandgemälde, insbesondere der pompejischen Wandmalereien zu ergründen, diese Technik wieder aufzufinden oder eine von gleicher Dauerhaftigkeit neu zu erfinden.

Zahlreiche, umfassende, mitunter sehr kostspielige Versuche nach Art der alten Frescomalerei, dann der Enkaustik ꝛc. wurden angestellt, deren Resultate aber alle keine befriedigenden waren. Da wurde Schlotthauer auf das im Jahre 1818 von dem Chemiker Fuchs erfundene Wasserglas aufmerksam und trat später zu dem Zwecke gemeinsamer Durchführung der gefaßten Idee mit dem Erfinder des Wasserglases, unter Mittheilung all' seiner bisher auf dem Gebiete der Monumentalmalerei gemachten Erfahrungen, in Verbindung. Nach langen vergeblichen Arbeiten war die Sache endlich so weit gediehen, daß man glaubte, an deren praktische Anwendung gehen zu können. Die Erfolge waren indeß keine günstigen. Besonders ungünstig erwies sich die Sache bei den von Schlotthauer an der königl. Villa in Aschaffenburg nach der neuen Technik ausgeführten ornamentalen Malereien. Ein großer Fehler lag darin, daß Schlotthauer anfänglich immer viel zu viel auf einen glatten, polirten Grund sah, welcher ihm von den pompejischen Malereien her immer noch vor Augen schwebte. Bei Anwendung eines rauhen Grundes gestaltete sich die Sache schon viel günstiger. Die ersten und besten Erfolge der neuen Malmethode waren die, welche Kaulbach in Berlin, der, nachdem Fuchs und Schlotthauer sich getrennt hatten, mit ersterem in der neuen Methode fortarbeitete und das große Gemälde: »Babel« im neuen Museum in Berlin in der stereochromen Manier (die neue Malmethode wurde Stereochromie genannt) ausführte.

Die Stereochromie.

Der Name Stereochromie wurde von στερεος (fest, dauerhaft) und χρωμα (Farbe) hergeleitet. Bei der Stereochromie bildet das Wasserglas das Bindemittel der Farben und ihrer Grundlagen. Es ist hauptsächlich auf den Grund (Unter- und Obergrund) Bedacht zu nehmen. Der erste Bewurf oder Untergrund wird mit Kalkmörtel gemacht, welchen man mehrere Tage der Luft ausgesetzt läßt, damit er austrocknen und aus derselben Kohlensäure anziehen kann. Ist der Mörtel gut getrocknet, so wird er mit Doppelwasserglas getränkt. In gleicher Weise wie der Untergrund wird nun auch der Obergrund angebracht. Ist dieser trocken, so wird er mit einem scharfen Sandstein abgerieben, um die Lage von kohlensaurem Kalk, welche sich gebildet hat und das Einsaugen der Wasserglaslösung verhindern würde, wegzunehmen. Er wird sodann, um ihm die gehörige Consistenz zu geben, mit Wasserglas imprägnirt. Auf diesem Grunde werden die Farben blos mit reinem Wasser aufgetragen. Es ist dann weiter nichts mehr nöthig, als die Farben gehörig zu fixiren, wozu das von Fuchs hierzu bestimmte sogenannte Fixirungswasserglas angewendet wird. Dasselbe besteht aus vollkommen mit Kieselerde gesättigtem Kaliwasserglas, versetzt mit so viel Natriumkieselfeuchtigkeit, daß es nicht mehr opalisirt. Das Wasserglas wird mit einer von Schlotthauer erfundenen Staubspritze als feiner Regen auf das Gemälde gespritzt. Sind die Farben gut fixirt, so ist das Gemälde fertig.

Als stereochrome Farben kamen in Verwendung: Zinkweiß, Chromgrün, Kobaltgrün, Chromroth, Eisenoxyd hell- und dunkelroth, Cadmium, Ultramarin, Hellocker, Terra Siena, Umbraun, Münchnerschwarz (Kohle).

Die Stereochromie erscheint sohin als eine ganz neue Malart, bei welcher das Wasserglas das Bindemittel der Farben bildet, im Gegensatze zur Frescomalerei, deren Grund der gewöhnliche Kalkmörtel und deren Bindemittel für die Farben der kohlensaure Kalk ist. Sie zeichnete sich von der letzteren durch eine bedeutend größere Dauerhaftigkeit und Leichtigkeit in der Ausführung aus.

Die Praxis aber zeigte nur zu bald, daß es nicht genügt, die heterogensten Farbstoffe ohne Berücksichtigung ihrer besonderen Eigenschaften bezüglich ihres Körpers, Bindungsfähigkeit ꝛc. mit einem einfachen Wasserglasregen dauernd zu befestigen. Daß auch die stereochromen Malereien, wenigstens stellenweise, schon jetzt zugrunde gehen, beweist unter Anderem der Verfall der fünf großen historischen Bilder von Echter, Piloty und Dietz an der Außenseite des Maximilianeums in München, wie vieler anderer stereochromischer Werke, an denen wir bemerken können, daß es immer gewisse Farben sind, welche zuerst zerstört werden, und sich staubartig oder blätterig ablösen. So z. B. Ultramarin, Umbraun, Schwarz. Wir können Gemälde sehen, an denen das Ganze sonst vortrefflich erhalten, einzelne Partien aber, z. B. mit Ultramarin ausgeführte Draperien, schon vollständig verwittert und abgefallen sind.

Die Mineralmalerei.

Die neueste Monumental-Malmethode, die Mineralmalerei, soll nun ein Mittel an die Hand geben, leicht und sicher Wandgemälde herzustellen, welche den chemischen und physikalischen Einwirkungen der Witterung und jedem Klima den größten Widerstand zu leisten im Stande sind.

Bei Besprechung derselben, und um gleich ein Urtheil über dieselbe von vorne herein zu ermöglichen, ist es nothwendig, den Körper, welcher hierbei die wichtigste Rolle spielt, einer eingehenden Betrachtung zu unterziehen und sein Verhalten zu anderen Körpern genau kennen zu lernen.

Das Bindemittel der Mineralmalerei.

Dieser Körper ist das Silicium (Si) in Verbindung mit einem anderen, dem Sauerstoff (O), die Kieselsäure $Si\,O_2$, gemeinhin unter dem Namen Kieselerde bekannt.

Dem vierwerthigen Charakter des Elementes Silicium und seinen Verbindungen mit Wasserstoff, Flour 2c. entsprechend, wird angenommen, daß das Säurehydrat desselben in einer wässerigen Kieselsäurelösung in der Zusammensetzung $H_4\,Si\,O_4$ oder $Si(O\,H)_4$, sohin als vierbasische oder Orthokieselsäure vorhanden sei. Es ist indessen bisher nicht gelungen, dieses hypothetische Orthokieselsäurehydrat zu isoliren.

Einem oder zwei Molekülen dieser Orthokieselsäure das Wasser ganz oder theilweise entzogen, bilden sich die wirklich dargestellten Hydrate der Kieselsäure und das Anhydrit derselben. Es bilden sich hierbei aus der Orthokieselsäure

$$\left.\begin{matrix}H_4\\Si\end{matrix}\right\}O_4$$

folgende thatsächlich dargestellte Hydrate.

$$2\left.\begin{matrix}H_4\\Si\end{matrix}\right\}O_4 - H_2O = H_6Si_2O_7$$ Parakieselsäure,

$$2\left.\begin{matrix}H_4\\Si\end{matrix}\right\}O_4 - 2H_2O = \left.\begin{matrix}H_4\\Si_2\end{matrix}\right\}O_6 = \left.\begin{matrix}H_2\\Si\end{matrix}\right\}O_3$$ Metakieselsäure,

$$\left.\begin{matrix}H_4\\Si\end{matrix}\right\}O_4 - 2H_2O = SiO_2$$ Kieselsäure-Anhydrit.

Die Kieselsäurehydrate gehen beim Glühen alle in das Anhydrit über, welches in der Natur als sogenannte Kieselerde in großer Verbreitung vorkommt. Von den Hydraten finden wir in den Silicaten am meisten die Verbindungen der Metakieselsäure, die Metasilicate, welche sich auch auf künstlichem Wege darstellen lassen. Reine Kieselsäure finden wir in der Natur als Anhydrit im Quarz, im Bergkrystall, Rauchtopas, Sand 2c.; als Hydrat im Opal, im Hyalith, sowie gelöst in verschiedenen Gewässern enthalten. Das Hydrat der Kieselsäure tritt stets auf, wenn man die Kieselsäure auf nassem Wege aus ihren Verbindungen durch Säuren niederschlägt. Frisch gefällt, ist es sogar in Wasser und in Säuren löslich. Nach dem Trocknen bei gewöhnlicher Temperatur verliert es diese Eigenschaft, wird aber doch noch sehr leicht von kohlensauren und ätzenden Alkalien gelöst.

Obwohl die Kieselsäure meistens in Säuren und in Wasser unlöslich, so verhält sie sich doch gegen Basen, besonders aber den Alkalien gegenüber entschieden als Säure. Auf trockenem Wege treibt sie die Kohlensäure aus den Alkalien. Die hierbei resultirenden Verbindungen sind bei vorherrschendem Kieselgehalte schwer in kaltem Wasser löslich, mehr oder weniger schmelzbar, durchsichtig. In neutralem Zustande oder bei vorherrschendem Alkaligehalte leicht in Wasser, besonders in heißem, löslich. Mit den Basen der alkalischen Erden und der Metalle entstehen unter Bildung der denselben entsprechenden kieselsauren Salze, in Wasser vollkommen unlösliche Verbindungen.

Die Silicate bilden im Verein mit Quarz in der Natur den Hauptheil der härtesten und widerstandsfähigsten Fels- und Gesteinsarten.

Unser Interesse wendet sich im vorliegenden Falle in erster Linie den in Wasser löslichen Silicaten zu.

Das am längsten bekannte der löslichen künstlichen Silicate ist die sogenannte Kieselfeuchtigkeit.

Nach C. Kohn*) sei zwar unser Wasserglas schon im Jahre 1520 entdeckt worden, wie aus einem alchymistischen Manuscript von Basilius Valentinus hervorgehe. Nach diesem Manuscript soll dem Basilius Valentinus die Kunst sehr wohl bekannt gewesen sein, ein kaltflüssiges Glas zu bereiten aus Weinsteinsalz und Kieselsteinpulver.

van Helmont,**) der in der ersten Hälfte des XVII. Jahrhunderts in Brüssel lebte, wußte aus Glaspulver und vielem Aetzkali eine lösliche Verbindung darzustellen, welche an feuchten Orten zerfließt; er wußte ferner, daß Säuren aus dieser Flüssigkeit Kieselerde niederschlagen. Dasselbe Präparat aus Kiesel und Sal Tartari (Weinstein-

*) „Zeitschrift des österr. Ingenieur-Vereins." 1862. S. 229.

**) Kopp, „Geschichte der Chemie." IV. S. 73.

salz) lehrte auch Glauber zu bereiten und gab ihm den Namen liquor silicum. Porta wies 1567 in seiner Magia naturalis sive de miraculus rerum naturalium auf die Bildung eines klaren Glases hin, das entstehe, wenn man Bergkrystall mit Weinsteinsalz schmelze.

Die Kieselfeuchtigkeit ist also eine Verbindung von Kali (oder Natron) mit Kieselsäure zu basisch kieselsaurem Alkali. Sie wird dargestellt durch Zusammenschmelzen von 1 Theil feingepulvertem Quarz und drei Theilen kohlensaurem Kali. Sie ist sehr leicht in Wasser löslich, zerfließt schon beim Stehen an der Luft, schmeckt und reagirt alkalisch. Beim Zusatz verdünnter Säuren zersetzt sie sich unter Ausscheidung von Kieselsäurehydrat. Professor Joh. Nepom. v. Fuchs stellte sich im Jahre 1818 Kieselfeuchtigkeit dar, um aus derselben reine Kieselsäure zu gewinnen; im weiteren Verfolg der Sache wurde er auf die Darstellung des Wasserglases hingeführt.

Das Wasserglas, diese der Kieselfeuchtigkeit am nächsten stehende lösliche kieselsaure Verbindung, ist ebenfalls eine solche mit einem Alkali. Fuchs veröffentlichte 1825 seine diesbezüglichen Untersuchungen in einer Abhandlung »über ein neues Product aus Kieselerde und Kali.« *) Man betrachtet das Wasserglas als saures kieselsaures Alkali. Im Jahre 1826 wurde es in der chemischen Fabrik von J. G. Dingler in Augsburg per Centner um 24 fl. verkauft. Es kommen von demselben vier verschiedene Arten in der Technik zur Anwendung, als Kali-, Natron-, Doppel-

---

*) Kastner's „Archiv.“ V. S. 385.
Dingler's „Polyt. Journal.“ XVII. S. 465.
Wagner's „Jahresbericht 1856.“ S. 65.
Abhandlung der k. bair. Akademie der Wissenschaften in München.

und Fixirungs-Wasserglas, wozu in allerneuester Zeit das von Professor Artus in Jena erfundene Kali-Kalk-Wasserglas, welches durch Zusatz von Marmor einen Kalkgehalt erhält und dadurch sich beständiger zeigen soll, kommt.

Es sei hier nur die Darstellung des Kaliwasserglases, da dieses hier am meisten zur Verwendung gelangt, erwähnt.

Nach Fuchs werden

15 Theile pulverisirter Quarzsand,
10 » gut gereinigte Potasche,
1 Theil Holzkohlenpulver

gut gemengt und in einem feuerfesten Glashafen 6 bis 8 Stunden geschmolzen. Das erhaltene Hartglas wird nach dem Erkalten gepulvert und in einem eisernen Kessel 3 bis 4 Stunden mit reinem Wasser gekocht, wobei es sich löst und dann zu einer syrupdicken Flüssigkeit eingedampft werden kann. Buchner verwendet beim Natronwasserglase statt des kohlensauren Natrons Glaubersalz.

Nach Kuhlmann und Liebig läßt sich das Wasserglas auch auf hydrochemischem Wege darstellen. Es wird hierbei statt des Quarzsandes die in mehreren Gegenden in mächtigen Lagern vorkommende Infusorienerde angewendet, welche fast nur aus amorpher Kieselerde besteht und mit ätzender Kali- oder Natronlauge in eisernen Kesseln unter 7 bis 8 Atmosphären Druck gekocht wird. Auf trockenem Wege dargestellt, ist das Wasserglas eine glasartige, luftbeständige Masse von alkalischem Geschmack und alkalischer Reaction. Es ist nur sehr wenig in kaltem Wasser, ganz aber in heißem Wasser löslich. Auf nassem Wege dargestellt, ist es eine opalisirende oder gallertartige Masse, welche sich beim Stehen an der Luft zersetzt, indem die Kohlensäure der Luft sich mit dem Alkali verbindet und die Kieselsäure ausscheidet. Den Säuren gegenüber verhält es sich analog der vorbesprochenen Kieselfeuchtigkeit.

Das kieselsaure Alkali findet sich auch ziemlich verbreitet in der Natur, jedoch niemals als solches, sondern in Doppel- und dreifachen Verbindungen in den verschiedensten Mineralien, z. B. im Feldspath, Leucit, Glimmer mit Kali, manchmal mit Natron, wie im Periklin 2c., und in dem von Schafheutl entdeckten Nephelin (Natrum-Thonerde-Silicat) und im Didymit.

Die auf trockenem Wege dargestellten kieselsauren Doppelsalze, in denen ein Theil des Alkalis durch die alkalischen Erden, oder die eigentlichen Erden und Metalloxyde vertreten ist, sind sämmtliche in Wasser unlöslich, besitzen einen großen Härtegrad, sind meistens durchsichtig und heißen Glas. Unter diesen Doppelsalzen zersetzen sich die Natron enthaltenden leichter als die kalihaltigen. Dasselbe ist auch bei dem flüssigen Natronsilicat der Fall, welches sich bei Einwirkung der Kohlensäure der Luft viel früher als das Kaliwasserglas zersetzt.

Wir wissen also, daß eine wässerige Lösung des Wasserglases schon beim offenen Stehen an der Luft durch Einwirkung der Kohlensäure zersetzt wird. Ferner, daß freie Säuren, dem Wasserglase zugesetzt, Kieselerdehydrat ausscheiden. Dasselbe geschieht beim Zusatze von Chlorammonium, wobei Ammoniak entweicht und sich ein fixes Chloralkali bildet. Eine weiters hinlänglich bekannte Thatsache ist es, daß die Auflösungen der Salze, der alkalischen Erden, der eigentlichen Erden und der Metalloxyde mit dem Wasserglase, wenn sie in dasselbe getropft werden, dementsprechende kieselsaure Salze niederschlagen, indem hierbei sich die Basen der der Wasserglaslösung zuzusetzenden Salze mit der

Kieselsäure verbinden. Die hieraus entstehenden Niederschläge sind in Wasser unlöslich.

Dr. W. Heldt*) beschreibt einige von ihm dargestellte künstliche Silicate, welche er auf folgende Weise erhalten hatte: Er tropfte in eine Chlorcalciumlösung Wasserglas und erhielt einen reichlichen weißen Niederschlag, welcher sich leicht auswaschen ließ. Bei 100 Grad getrocknet, ergab die Analyse folgende Resultate:

0·974 Gramm mit verdünnter Salpetersäure digerirt, gaben 0·645 Gramm Kieselerde.

Aus der filtrirten Flüssigkeit wurde der Kalk als oxalsaurer Kalk gefällt und mit Schwefelsäure behandelt. Es wurde erhalten:

0·648 Gramm schwefelsaurer Kalk.

0·852 Gramm gaben beim Glühen 0·104 Gramm Verlust.

In 100 Theilen sind enthalten:

	gefunden Percent	berechnet Percent
$3\,SiO_2$	= 66·20	66·53
CaO	= 19·95	20·50
2 aqu.	= 12·50	12·97
	98·65	100·00

welches der Formel

$$CaO, 3\,SiO_2, 2\,HO$$

entspricht.

Ferner tropfte Heldt in eine Alaunlösung Wasserglas und erhielt einen starken, weißen, kieselsaure Thonerde enthaltenden Niederschlag.

*) Erdmann „Journ. f. Chemie" 101, S. 295, Dissert: Ueber einige künstliche Silicate. Breslau 1874.

Eisenchlorid mit einer Wasserglaslösung behandelt, lieferte einen rothbraunen Niederschlag. Die darüber stehende Flüssigkeit war anfangs farblos, sie nahm jedoch nach einigen Minuten wieder eine tiefrothe Färbung an, die von der Auflösung des einen Theiles des Niederschlages herrührte. Der größere Theil des Niederschlages war von weißer, ausgeschiedener Kieselerde milchig geworden und bildete somit ein Gemenge von kieselsaurem Eisenoxyd und Kieselerde.

Ebenso entsteht ein Niederschlag, wenn man Eisenvitriol mit Wasserglaslösung versetzt. Derselbe ist gelatinös, von weißgrünlicher Farbe und wird nach längerem Stehen in der Flüssigkeit dunkelgrünblau.

Versetzte Heldt eine Auflösung von Bittersalz mit Wasserglas, so erhielt er einen weißen gelatinösen Niederschlag von folgender Zusammensetzung:

1·4585 Gramm verloren beim Glühen
0·1855 Gramm = 12·7 Percent Wasser,
0·6552 Gramm gaben mit Schwefelsäure behandelt
0·468 Gramm = 71·4 Percent SiO_2.
Aus dem Filtrat wurden
0·3276 Gramm = 17·0 Percent MgO erhalten.
Hieraus ergiebt sich folgende Formel:

$$MgO, 3\,SiO_2, 2\,HO.$$

Demnach

	gefunden Percent	berechnet Percent
MgO	= 17·0	15·82
SiO_2	= 71·4	70·05
aqu.	= 12·7	14·13
	101·1	100·00

Dr. K. Hausmann*) stellte folgende künstliche Silicate dar:

*) Erdmann „Journ. f. Chemie“ 94, S. 157.

Kupferoxydsilicat

aus einer Lösung von schwefelsaurem Kupferoxydammoniak mit Kaliwasserglas präcipitirt:

	Percent
Kieselsäure	54·3
Kupferoxyd	21·7
Wasser	23·5
	99·5

Eisenoxydsilicat

aus einer Lösung von Eisenvitriol gefällt, war zuerst blaugrün und wurde allmälich gelblich braun. Die Titrirung mit Chamäleon zeigte den Niederschlag oxydulfrei.

	Percent
Kieselerde	40·85
Eisenoxyd	17·85
Wasser	41·80
	100·50

Eisenoxyd-Thonerde-Kalisilicat.

Ein Gemenge von Kali-Alaunlösung mit Kaliwasserglas behandelt, giebt einen Niederschlag von folgender Zusammensetzung:

	Percent
Kieselerde	53·2
Eisenoxyd	14·3
Thonerde	1·2
Eisenoxydul	0·87
Kali	6·9
Wasser	23·3
	99·77

Magnesiasilicat.

Schwefelsaure Magnesia wurde mit Kaliwasserglas behandelt:

	Percent
Kieselerde	68·2
Magnesia	14·4
Wasser	17·2
	99·8

Thonerdesilicat.

Aus Kalialaunlösung gefällt:

	Percent
Kieselerde	41·2
Thonerde	5·9
Kali	5·9
Wasser	47·5
	100·5

Haushofer spricht indessen die Vermuthung aus, daß bei diesen Fällungen stets freies Kieselerdehydrat ausfällt; es sei jedoch schwer darüber Gewißheit zu erhalten.

Eine ähnliche Zersetzung des Wasserglases, wie sie hier im Contacte mit den verschiedenen Salzlösungen gezeigt wurde, wies Fuchs bei dem Zusammenmengen der Basen der alkalischen Erden und verschiedener Metalloxyde nach. Dieselben wurden in Teigform mit dem Wasserglase zusammengerieben und bestätigten die resultirenden Producte zweifellos die Annahme einer chemischen Verbindung. Es ergab sich, daß die Basen der alkalischen Erden, z. B. Magnesiumoxyd MgO oder Aluminiumoxydhydrat $Al_2(HO)6$, wenn selbe mit einer Wasserglaslösung zusammengerieben, mehr oder weniger Kali frei machten und sich mit der Kieselerde und dem übrigen Kali zu Doppelt- und dreifachen Verbindungen, die in Wasser völlig unlöslich sind, vereinigten. Mit gelöschtem Kalk zusammengerieben, stockt das Wasserglas sofort und trocknet langsam zu einer ziemlich harten Masse an. Es entsteht hierbei eine chemische Verbindung unter Bildung eines Kalksilicats. Besonders energisch wirkten Zinkoxyd (ZnO) und Magnesia usta (MgO). Kohlensaure Magnesia mit concentrirter Wasserglaslösung zu einem Teige angerieben auf eine Glasplatte aufgetragen, zog bald an und bekam nach einigen Tagen eine solche Festigkeit, daß sie sehr stark auf der Platte haftete und nur mittelst eines Messers losgebracht werden konnte. Einige Stückchen davon in Wasser gebracht und längere Zeit digerirt, löste sich nur etwas kohlensaures Kali und keine Kieselsäure, was dadurch nachgewiesen wurde, daß ein Zusatz von Salmiak in der abfiltrirten Flüssigkeit keine Trübung verursachte. Ein Theil der erhaltenen harten Masse mit verdünnter Schwefelsäure behandelt, entwickelte ein schwaches Aufbrausen. Die Magnesia und das vorhandene Kali löſten sich, während die Kieselsäure als rauhes Pulver zurückgelassen wurde, welches sich leicht und vollkommen in Kalilauge löste.

Außerdem ergab sich durch weitere Untersuchungen, daß eine größere Anzahl von Salzen und Doppelsalzen in Pulverform dem Wasserglase zugemengt, in Folge bloßer Adhäsions-Verbindungen, wie z. B. der phosphorsaure Kalk, ohne daß eine chemische Wechselwirkung stattfindet, so sehr erhärten, daß sie in vielen Fällen an Wirkung den chemischen Verbindungen gleichkommen.

Ueber die Zersetzung des Wasserglases durch freie Säuren stellte Professor Kuhlmann Versuche an, über welche er sich in seinen Berichten*) in folgender Weise vernehmen läßt:

»Indem ich die löslichen Salze der kieselsauren Alkalien von 1841 an auf das Tränken aller porösen Steine und im Allgemeinen auf organische und unorganische Stoffe ausdehnte, fand sich, daß sich die Verhärtung dieser Körper nur der Zersetzung der Silicate durch langsame Einwirkung der Luftkohlensäure und der stufenweisen Verdichtung der Kieselsäure zuschreiben läßt, was ich von da ab angenommen habe und mich auf die folgenden Betrachtungen über die Bildung natürlicher kieseliger und thoniger Massen und im Allgemeinen über die Mineralspecies, die auf nassem Wege entstanden sind, geführt hat.

Durch diese merkwürdige Reaction (wodurch poröse Körper durch Kieselsäure erhärtet werden) wird es höchst wahrscheinlich, daß nicht nur alle Einsickerungen und die Krystallisationen im Kalkgebirge, sondern auch eine unendliche Menge in der Natur vorkommender kieseliger und thoniger Massen analogen Reactionen ihre Entstehung verdanken.

Muß man nicht annehmen, daß der Feuerstein, die Achate, die Holzversteinerungen und andere kieselige Einsickerungen keinen anderen Ursprung haben und ihre Formation der langsamen Zersetzung eines kieselsauren Alkalis verdanken?

Dies ist eine Frage, welche geeignet ist, ein helles Licht über die Naturgeschichte des Erdballes zu verbreiten und die fast als eine Beweisführung vom Dasein des Kali, das ich in kleiner Menge in verschiedenen kieselhaltigen

*) Silication ou application des silicates alcalins solubles etc. par M. Fréd. Kuhlmann, Prof. de chemie à Lille.

Steinen gefunden habe, wie im Feuerstein, im Opal von Castallamante, ferner in einer derben Masse thoniger Kieselerde, welche sich sanft anfühlt, vom Wasser nicht durchdrungen wird und in der Kreide des Briarecanals bei Montargis vorkommt, zu betrachten ist.

Meine Erfahrungen über das Vorkommen des Kali in der Bildung von Mineralspecies beschränken sich nicht auf die Kiesel- und Thonerde; die Gegenwart von Kali in dem Ueberoxyd des krystallinischen Mangans (Mn), dem Eisenspath, dem Schwefelantimon, dem Schwefelmolybdän ꝛc. gestattet die Möglichkeit der Erklärung von der Bildung mehrerer dieser Körper auf nassem Wege, namentlich der Oxyde, die in einem Ueberschuß von Kali löslich sind. Zur Unterstützung der Behauptung einer Formation durch den bloßen Contact der Luftkohlensäure und langsamen Verdichtung lassen sich anführen: Massen von Kieselerde, die so hart sind, daß sie Glas ritzen, die durchsichtigen Thonerdeteige, das Zinnoxydhydrat von glasigem Ansehen ꝛc. Was die Formation der kieselsauren Pasten betrifft, so kam ich in den Besitz verschiedener Niederschläge von den Wassern des Geysers (in Island). Ich fand in diesen Proben Ablagerungen von Opal, die sichtlich von einer langsamen Verdichtung kieselsaurer Theilchen beim Zutritt der Luft herrühren; andere Lagen von erdigem Quarz oder undurchsichtigem und porösem Kiesel, deren Bildung sich wohl durch die Verschiedenheit der Bedingungen erklärt, bei welcher die Zusammenziehung der Kieselsäure stattgefunden hat, indem die kieselsaure Pasta bald durch ein stufenweises und langsames Eintrocknen ein durchscheinendes oder durchsichtiges Quarzhydrat, deren wellenförmige Bewegung der Form des Felsens folgt, auf welchem die Kieselerde ablagert, giebt; bald bildet sie poröse Lagen in Folge eines zu raschen Auftrocknens.

Deshalb habe ich versucht, die Erscheinung des Kieselniederschlages durch stufenweise Wirkung zu verändern, wie solches in der Natur durch die Kohlensäure der Luft geschieht.

Einen ersten Versuch von entsprechendem Erfolge theile ich hier mit. Auf den Boden mehrerer Glasgefäße goß ich eine concentrirte Lösung von Wasserglas; auf diese mit großer Vorsicht, daß die Flüssigkeiten sich nicht mischten, einzeln Salpetersäure, Chlorwasser, Salzsäure, zwar concentrirt, jedoch in einer weit geringeren Dichtigkeit als die des Wasserglases, so daß sie sich über der Kiesellösung hielten.

Es ergaben sich folgende Resultate:

Unmittelbar auf der Berührungsgrenze bildete sich eine undurchsichtige Schicht, welche die Flüssigkeiten genau schied. Allmählich wurde diese Schicht nach der Seite des Wasserglases zu dicker, durch Ansetzen an das trennende Häutchen von Lagen durchsichtiger oder durchscheinender Schichten von Kieselerde und in acht Tagen bildeten sich harte und compacte Kieselschichten von mehr als einem Centimeter Dicke. Im Verlaufe dieser Zeit sättigten sich die Säuren nach und nach durch das Kali.

Indem ich auf fünf Centimeter dichten Schichten operirte, habe ich in weniger als einem Monat das Ganze in durchscheinende und harte Kieselerde verwandelt; das Kali durchdrang die Schicht der verdichteten Kieselerde so lange, als das abscheidende Oberhäutchen, von welchem dieses Anschießen ausging, mit der freien Säure in Berührung kam.

Die dergestalt künstlich verdichtete Kieselerde ist völlig transparent oder zeigt das Schillern des Opals; deren Aufbewahrung in nicht ganz trockener Luft giebt ohne Zweifel das Mittel, diesen Stein mit allen seinen charakteristischen Eigenschaften zu erhalten. Es wurden noch Proben mit anderen reagirenden Flüssigkeiten angestellt; so wurde über Wasserglas eine Chlorwasserstoff-Ammoniaklösung gegossen. Die Kieselsäure trennte sich ebenfalls und das Kali durchdrang die Kieselschicht, um an die Stelle des Ammoniaks zu treten, welches sich theilweise verflüchtigte. Dabei waren die chemischen Verwandtschaften so energisch, daß sie schnell eine dicke, harte Kieselschicht bildeten.

Das Phänomen bildet sich viel langsamer, wenn man mit weniger kräftigen Agentien operirt.«

So weit Kuhlmann.

Erwähnenswerth ist noch, daß eine Wasserglaslösung, wie schon bemerkt, in offenen Gefäßen der Luft ausgesetzt, Kohlensäure anzieht und sich zersetzt, indem es zum Gerinnen kommt, wobei sich ein schleimiger Bodensatz bildet, der nach Buchner kalihaltig ist, und daß diese Veränderung beim Eindampfen viel rascher vor sich geht. Wird nämlich der eingedampfte Rückstand noch stärker erhitzt, um ihn wasserfrei zu machen, wobei er sich zu einer bimssteinartigen Masse aufbläht, so wird er größtentheils zersetzt, in Wasser unlöslich und in Säuren stark aufbrausend. Durch gelindes Glühen aber läßt er sich wieder in den früheren Zustand zurückführen und wird dann auch wieder vollkommen in Wasser löslich.

Unter den neueren Arbeiten über Kieselsäure und deren Verbindungen mit Basen sind besonders die des Dr. P. Ebell*) hervorzuheben.

---

*) P. Ebell. Dingl. „Polit. Journal“ 228, S. 47, 160. Berichte der deutschen chemischen Gesellschaft 1878, S. 1136.

Dieselben umfassen Untersuchungen über

1. das Verhalten des Wasserglases in Bezug auf die Färbung desselben mit Schwefel;

2. die Ausscheidung krystallisirter Kieselsäure aus dem Wasserglase;

3. das Verhalten der Kieselsäure zu dem kohlensauren Kali in der Schmelzhitze;

4. das Verhalten des Wasserglases bei der Dialyse durch Pergamentpapier;

5. das Verhalten des Wasserglases in wässeriger Lösung;

6. die Schwefelreaction bei Wassergläsern auf nassem Wege.

Dr. P. Ebell kam durch die hierüber erhaltenen Resultate zu den Schlußfolgerungen:

»Daß, wie in früheren Untersuchungen nachgewiesen, die Silicate im feurigen Flusse Lösungsmittel für die verschiedensten einfachsten und zusammengesetzten Körper, zunächst für Metalle als solche (Gold, Kupfer, Silber, Blei); dann für Metalloxyde (Chromoxyd, Aluminiumoxyd, magnetisches Eisenoxyd, Zinnoxyd); endlich für die Salze der Schwefelsäure, der Phosphorsäure und des Fluoraluminiums seien. Diese Körper scheiden sich beim Erkalten, je nach den Bedingungen krystallinisch oder nicht wieder ab und ertheilen dem Glase danach charakteristische Eigenthümlichkeiten. Der Reihe dieser Körper, insbesondere der Oxyde, schließt sich in voller Ausdehnung die Kieselsäure an. Auch für sie ist feurig-flüssiges Silicat unter Umständen ein Lösungsmittel; auch sie besitzt die Fähigkeit, bei langsamem Erkalten — soweit sie nur in Lösung vorhanden — sich aus dem glasigen Fluß krystallinisch abzuscheiden.

Die Abscheidung tritt aber erst bei sehr hohem Gehalte an Kieselsäure, dann aber in bedeutendem Umfange ein.

Die bei diesem Vorgang zurückbleibende glasige Grundmasse ist von einer Zusammensetzung, die sehr nahe dem Verhältniß von Kieselerde und Kali (2·5 : 1) entspricht, welches Verhältniß auch als Grenzwerth bezüglich der Färbung mit Schwefel sich ergeben hat.

Ein mit Kieselsäure bei hoher Temperatur gesättigtes Glas scheidet demnach bei langsamer Abkühlung den ganzen Ueberschuß von Kieselsäure über jenes Verhältniß in Krystallen ab.

Die Kraft der Kieselsäure, Basen zu binden, gemessen durch die beim Schmelzen ausgetriebene Kohlensäure, ist keine constante Größe, sondern eine von Massenwirkung bedingte. Die von der Gewichtseinheit Kieselsäure ausgetriebene Kohlensäure ist um so kleiner, je weniger Carbonat mit jener in Wechselwirkung steht.

In wässeriger Lösung treten ganz ähnliche Erscheinungen hervor. Bei der Anwendung von Alkohol als Fällungsmittel machen sich wiederum Massenwirkungen geltend, nur daß diese hier nicht auf eine Abscheidung von Kieselsäure, sondern auf Entziehung von Alkali hinauslaufen. Dieses Verhalten liefert den Beweis für die sehr geringe Verwandtschaft der Kieselsäure auf nassem Wege, selbst so starken Basen gegenüber, wie Kali und Natron. Doch weist die Reaction auch bei alkalischen Silicaten in Lösung das Vorhandensein eines bestimmten Verbindungsverhältnisses nach, und zwar des nämlichen Grenzwerthes wie beim feurigen Fluß von 2·5 Aequivalent Kieselerde zu 1 Aequivalent Kali.

Im Ganzen findet der schon früher ausgesprochene Satz auch von Seiten der aus Kieselerde mit bloßem Alkali hergestellten Flüsse seine Bestätigung, der Satz nämlich, daß alle Gläser nur erstarrte Lösungen von Kieselerde, Metalloxyden und Metallen in einem bestimmten, nach festen Verhältnissen constituirter Silicate sind.

Nach diesen in jeder Richtung über das Bindemittel dieser Maltechnik und sein chemisches Verhalten Aufschluß gebenden Untersuchungen dürfte es auch dem Nichtchemiker weniger schwer fallen, über den Zweck und Erfolg der Anwendung desselben im vorliegenden Fall einen Schluß zu ziehen und sich ein selbstständiges Urtheil über den weiter folgenden Theil dieser Abhandlung zu bilden.

Der Unter- und der Obergrund.

Erstlich ist es in der Mineralmalerei der Untergrund und der Malgrund, dem große Sorgfalt zuzuwenden ist. Es ist auf die größte Reinlichkeit der zum Verputze anzuwendenden Materialien zu achten, um eine spätere Bildung von Efflorescenzen unmöglich zu machen, welche für das Gemälde eine dem eigentlichen Mauerfraße, welcher hauptsächlich aus salpetersaurem Kalk besteht, und sich an solchen Stellen bildet, an denen stickstoffhaltige organische Verbindungen verwesen, gleich schädliche Wirkung äußern. Die schädliche Wirkung dieser Efflorescenzen beruht, wie bekannt, auf dem Auswittern in Wasser löslicher hygroskopischer Salze, welche mit dem Baumaterial und dem verwendeten Wasser in die Mauer gebracht werden. Bei langsamem Austrocknen krystallisiren diese Salze, wittern aus, wobei sie den Putz lockern müssen. Bei feuchter Luft nehmen dieselben wieder Wasser auf, zerfließen, dringen wieder in das Mauerwerk ein, um bei trockenem Wetter auf's Neue auszublühen. Dieses wiederholt sich so lange, bis allmählich alle Salze beim Auswittern abgeschieden oder der Putz mit ihnen selbst abgefallen ist. In diesbezüglichen Auswitterungen habe ich schwefelsaure Magnesia, schwefelsaures Natron, kohlensaures Natron, Chlornatrium ꝛc. gefunden.

Diesen Auswitterungen ist indessen leicht und sicher dadurch vorzubeugen, daß man nur guten, mehrere Jahre eingesumpften Kalk, gut ausgewaschenen Quarzsand und gereinigtes Fluß- oder Regenwasser anwendet.

Es ist sehr darauf zu sehen, daß das zu verwendende Sandmaterial ein möglichst scharfkörniges ist. Es ist dieses unbedingt erforderlich, da blätteriges Sandmaterial, welches sich beim Feinputz schuppenartig aufeinander lagert, die Einsaugbarkeit sehr beeinträchtigt und mithin auch das Malen ungemein erschwert würde.

Indessen entspricht körniger Putz, bei dessen Herstellung die im zweiten Theile näher gegebenen Vorschriften genau beachtet werden und der also wie jeder andere gewöhnliche Mörtel ein aus Kalk, Sand und Wasser gebildeter steifer Brei ist, der eine starke Adhäsion zu den Steinen besitzt, allen Anforderungen, welche zur Erreichung schöner und dauerhafter Gemälde gestellt werden müssen.

Die Erfahrung bestätigt uns hundertfältig die Güte des gut gefertigten gewöhnlichen Mauerputzes an den Ueberresten vieler Baudenkmäler des Alterthums. Die Erhärtung des Mörtels ist als die Folge eines chemischen und physikalischen Prozesses zu betrachten. Hierbei verflüchtigt zuerst das Wasser, indem der Mörtel trocknet und die Kalkmoleküle in unmittelbare Berührung miteinander gebracht werden. Dabei verliert der Mörtel an Volumen, gewinnt aber an

Consistenz. Die Kalkhydrat-Theilchen nehmen aus der Luft Kohlensäure auf, wobei der Mörtel bindet, indem der die Sandkörner einhüllende Kalkbrei durch seinen Uebergang in kohlensauren Kalk die näher aneinander gerückten Theilchen zu einem Ganzen verkittet. Die Härte des gewöhnlichen Kalkmörtels wird sohin hauptsächlich durch die allmähliche Austrocknung und Carbonisation des Kalkes begründet.

Als eine weitere Ursache der Erhärtung des Kalkmörtels, welche indessen unter allen Umständen als eine secundäre zu betrachten ist, wird die Bildung eines Kalksilicats angenommen, welches durch Einwirkung des Kalkhydrats auf den Quarzsand entstehen soll. Es ist indessen zur Genüge erwiesen, daß Mörtel, in welchem statt des Quarzsandes Kalksand verwendet wurde, eine ebenso harte Masse als mit ersterem erzeugte.

In der Neuzeit hat indessen dieses Auffinden von kieselsauren Kalkverbindungen im Mauerwerke eine Erklärung in der Thatsache gefunden, daß solche Verbindungen nur da entstanden, wenn der Sand Geschiebe-Reste feldspathaltiger Mineralien, oder wenn die Bausteine mit denen der Mörtel in Berührung kam, solche enthielten. Diese Doppel-Verbindungen (kieselsaure Thonerde, kieselsaure Alkalien) werden von dem Aetzkalk aufgeschlossen und erst die sich ausscheidenden Aetzalkalien lösen einen Theil der Kieselsäure des Quarzsandes, welche nun mit Aetzkalk und Thon ein Kalk-Thonerdesilicat bildet, welches die in unmittelbarer Nähe befindlichen Mörtelkitte fest aneinander bindet.*)

Dem Gesagten zufolge steht außer Zweifel, daß, wie A. Vogel u. A. annahmen, die Umwandlung des Kalkhydrats

*) Dr. H. Zwick: „Ueber Kalk und Luftmörtel" (Hartleben, Wien 1879).

$Ca(OH)_2$ in kohlensauren Kalk $CaCO_3$ die Hauptursache der Erhärtung unseres Luftmörtels ist. Nicht minder zweifellos aber ist es, daß ein solcher Mörtel, bei welchem sich zugleich ein Kalksilicat bildet, dem einfach durch Carbonatbildung erhaltenen, an Härte und Widerstandsfähigkeit gegen Wasser und Atmosphärilien, wie auch gegen sonstige chemische und mechanische Einwirkungen weit übertrifft. Diese Silicatbildung im Kalkmörtel aber wird am sichersten durch Imprägniren dieses Mörtels mit Wasserglas erreicht, wie J. N. v. Fuchs uns zuerst gelehrt hat. Fuchs nahm zwar an, daß beim Imprägniren einer Mauer mit Wasserglas nur eine Adhäsionsverbindung zwischen dem kohlensauren Kalk und dem kieselsauren Alkali stattfindet, während Kuhlmann hier eine chemische Verbindung annehmen zu müssen glaubte. Buchner und Liebig sprachen sich im gleichen Sinne wie Fuchs aus und haben bewiesen, daß die Erhärtung des kohlensauren Kalkes mit dem Wasserglase die Folge einer bloßen Adhäsionsverbindung ist, wobei durchaus keine Umsetzung der Bestandtheile des kohlensauren Kalkes und des kieselsauren Alkalis stattfindet und sich kein kieselsaurer Kalk bildet.

Die sämmtlichen, die Annahmen von Fuchs, Buchner und Liebig begründenden Untersuchungen wurden meines Wissens alle nur mit reinem kohlensauren Kalk (welcher keinen Aetzkalk enthielt), mit Kreide angestellt, und ist es allerdings bewiesen, daß hierbei keine Kohlensäure durch das kieselsaure Kali ausgetrieben wird, sich also auch kein kieselsaurer Kalk bildet. Anders aber steht die Sache, wenn eine neue Putzfläche, welche nur kurze Zeit der Einwirkung der in der Luft enthaltenen Kohlensäure ausgesetzt war, also noch eine erhebliche Menge Aetzkalk enthält, mit Wasserglas imprägnirt wird. Hier ist wohl alle Gewißheit dafür gegeben, daß die Bildung eines Kalksilicats mit dem Aetzkalk neben der Adhäsionsverbindung des Wasserglases mit dem kohlensauren Kalk stattfindet.

Die große Dauerhaftigkeit des mit Wasserglas behandelten Kalkmörtels hat indessen auch in der Praxis sich seit fast vierzig Jahren glänzend bewährt. Insbesondere zeigte sich dieses an mehreren stereochromen Gemälden, an welchen meistens nur die Farbenschicht angegriffen, der Untergrund aber noch ganz gesund und unversehrt ist. Nur in solchen Fällen, in denen von Anfang an durch unrichtige Behandlung auf der Oberfläche des Grundes eine Verschließung der Poren stattgefunden und der untere magere Mörtel nicht mehr mit Wasserglas gesättigt wurde, hat derselbe Schaden gelitten. Es ist daher nochmals darauf aufmerksam zu machen, bei Herstellung des Untergrundes und des Malgrundes auf eine durchwegs gleichmäßige Sättigung zu trachten.

Besonders ist im Freien die Anwendung von Bimssteinsand zu empfehlen, indem der damit vorschriftsmäßige erstellte Mörtel eine so harte Masse liefert, daß sie nach dem Erhärten mit dem Stahle Feuer giebt.

Ein so nothwendiges Vehikel das Wasser beim Auftragen des Putzes und der Farben ist, wenn eine solide Arbeit erreicht werden soll, so nachtheilig wirkt es beim Fixiren des Grundes und der Farben, wenn bei diesen Arbeiten der Grund, respective das Gemälde, noch nicht vollkommen ausgetrocknet ist. In diesem Falle verhindert es, da es die Poren ausfüllt, das Eindringen des kieselsauren Alkalis. Nur dann wird das denkbar bestmögliche Resultat erreicht, wenn Putz und Gemälde *vor dem jedesmaligen Fixiren vollkommen trocken, die Poren also* wasserfrei sind, um immer wieder neue Mengen der warmen Lösung infiltriren zu können.

Um die Oeffnung der Poren des Malgrundes, welcher sich durch Bildung eines Häutchens von krystallinischem kohlensauren Kalk beim Austrocknen schließt, zu bewirken, wird die ganze Putzfläche mit verdünnter Phosphorsäure überstrichen.

Zum Tränken des Grundes schlug der Miterfinder der Stereochromie, Fuchs, das Doppelwasserglas und das Natriumwasserglas vor und zwar deshalb, weil angeblich beide Sorten leichter und in größeren Mengen als das Kaliwasserglas vom Untergrunde absorbirt würden. Beide Wasserglassorten haben indessen für diesen Fall das Nachtheilige, daß sie während des Malens, ehe die Farben fixirt sind, Natron ausscheiden. Dieses wandelt sich an der Luft in kohlensaures Natron um, krystallisirt und hebt hierbei die Farben aus den Poren, welche dann nicht mehr in ihre frühere Lage zurückkehren, wodurch die Arbeit vieler Tage in kurzer Zeit naturnothwendig zerstört werden würde. Ich habe indessen diese Efflorescenz des kohlensauren Natrons nur in solchen Fällen als sehr schädigend bemerkt, wenn sich größere Kryställchen bildeten. Dieses ist stets dann der Fall, wenn die nassen Bilder nur sehr langsam austrocknen. Bei raschem Austrocknen, besonders in heißen Sommertagen, zeigt sich nur ein schwacher, staubartiger Anflug, welcher die Lage der Farben in keiner Weise alterirt und sich beim Fixiren wieder auflöst. Nach dem Fixiren hat das Auswittern des kohlensauren Natrons durchaus keine nachtheiligen Folgen mehr auf sich, indem die fixirten Farben dadurch nicht mehr aus ihrer Lage gebracht werden, da sie schon innig mit dem Grunde verwachsen sind.

Wendet man zum Tränken des Grundes Kaliwasserglas an, so hat man dabei gar nichts zu befürchten, da das sich ausscheidende kohlensaure Kali, welches an der Luft zerfließt, auch auf dem nicht fixirten Bilde keinen Schaden anrichtet. Das Kaliwasserglas wird bei entsprechender Verdünnung (20—22 Grad B.) fast ebensogut absorbirt, wie die beiden anderen genannten Sorten; höchstens daß man einmal öfter damit tränken muß.

Dieses Kaliwasserglas soll ein möglichst reines Präparat sein. Besonders nachtheilig ist ein Gehalt an Schwefelmetallen, welche gewisse in der Malerei anzuwendende Metallfarben schwärzen, oder wenigstens deren ursprüngliche Färbung wesentlich beeinträchtigen.

Nach Flickinger kann man sich dieses Wasserglas durch Zusatz von Weingeist reinigen. Hierbei fällt das Wasserglas rein als Gallerte aus, welche in kochendem Wasser, nach vorher erfolgtem Aussüßen, sich sehr leicht löst. Die über dem Niederschlag stehende Lösung enthält die Verunreinigungen.

Die Farben.

Eine ebenso große Sorgfalt wie der Wahl der Materialien zum Untergrunde, ist, wiewohl selbstverständlich, auch den zur Verwendung kommenden Farbstoffen zuzuwenden.

Besonders nothwendig war bei ihrer Auswahl die Kenntniß ihrer chemischen Zusammensetzung wie auch ihrer sonstigen Beimengungen, hauptsächlich ihres Verhaltens gegenüber dem kieselsauren Alkali und den weiter in Anwendung kommenden Zuschlägen gegenüber. Alle in der Stereochromie anwendbaren Farben erschienen indessen a priori auch hier mit günstigem Erfolge anwendbar.

So verschiedenartig oft ein und dieselbe Farbe im Handel benannt wird, in so verschiedenen Zusammensetzungen kommen dieselben auch vor und sind vielfach mit den verschiedenartigsten Substanzen verunreinigt, durch welche sie in vielen Fällen gerade zu dieser Malart unverwendbar werden. Diese Verunreinigungen heben oft die Verbindungsfähigkeit der Farben mit dem Fixirungsmittel auf oder beeinträchtigen dieselbe wesentlich. Oefters werden auch die Farben hierdurch an ihrer Brillanz und Beständigkeit beeinträchtigt.

Um die Haltbarkeit und Verwendbarkeit der Farben festzustellen, genügte nicht immer die einfache Kenntuiß ihrer Zusammensetzung, sondern es konnte diese bei vielen erst durch zahlreiche empirische Versuche festgestellt werden.

Die betreffenden Farben wurden deshalb zuerst bezüglich ihres Verhaltens zum Fixirmittel und den Zuschlägen geprüft und nach dem Fixiren den verschiedensten elementaren Einflüssen anhaltend und im grellsten Wechsel, als dem Regen, der Kälte, dem Sonnenlichte, dem Rauche rc., ausgesetzt. In München wurde z. B. ein kleines Gemälde in Gegenwart des dortigen Kunstmalers Barthelme zuerst vollständig mit Kalkhydrat überstrichen, dann mit Salpetersäure behandelt, ferner mit concentrirter Kalilauge, dann mit Seife und einer Bürste tüchtig bearbeitet, ohne im mindesten an Schönheit oder Haltbarkeit verloren zu haben. Dasselbe erwies sich unter vielen anderen an einem kleinen Bilde vom Kunstmaler B. Lacher ausgeführt, welches sich trotz aller erdenklichen Torturen, welche ihm seit zwei Jahren fast unausgesetzt angethan wurden, noch ganz gut erhalten, in seinem Besitze befindet. Wiederholt wurde das Verhalten solcher Gemälde den Alkalien, wie den Säuren rc., gegenüber untersucht und waren die erhaltenen Resultate stets nur die günstigsten. Selbstverständlich wurden diese guten Erfolge nur mit den nach langem Probiren als dauerhaft befundenen Farben erzielt. Es zeigten sich unter den natürlichen Erdfarben der als schwarze Farbe vielfach angewandte Schiefer, ferner der Malachit (kohlensaures Kupferoxyd), das Bergblau, der blaue Ocker, die aus organischen Zersetzungsproducten herrührende Kölnererde (Mahagonibraun), der schwefelsaure Kalk (Gyps), welcher letztere vielfach zum Fälschen der Farben angewendet wird, unverwendbar. Unter den künstlich dargestellten Metall-, respective Mineralfarben seien nur die falschen Chromgrün (aus chromsaurem Blei und Pariserblau gemischt), dann die mit Anilinfarbstoffen aufgefrischten Chromroth, die sich oft schon einige Stunden nach dem Auftragen zersetzen, erwähnt. Ein Zusatz von Kreide (kohlensaurem Kalk) oder künstlichem schwefelsauren Baryt, wenn letzterer keine freie Säure mehr enthält, beeinträchtigt weder die Verbindungsfähigkeit, noch die Haltbarkeit der Farben. Beimengungen davon werden daher auch nur dann als eigentliche Fälschungen betrachtet, wenn die Producte nicht dem entsprechend im Preise niedriger gehalten werden.

Die Grundbedingung der Haltbarkeit des Colorits eines Gemäldes liegt, wie bekannt, in der Beständigkeit der die Farben bildenden Materie. Die Optik lehrt, daß die Farben eigentlich nicht in dem als Farbe erscheinenden Stoff vorhanden, sondern in den Lichtstrahlen bestehen.*) Die Stoffe theilen nur die Lichtstrahlen, absorbiren oder reflectiren dieselben, wobei unserem Auge Farben erscheinen. Es ist daher klar, daß Stoffe, welche sich leicht zersetzen, sei es nun in Folge ihrer Affinität zu anderen Stoffen, oder durch Einwirkung des Lichtes, welches letztere oft eine Aenderung in der Lagerung der Moleküle verursacht, ihre ursprüngliche Farbe verlieren müssen, da sie in anderen Verbindungen die Lichtstrahlen anders zerlegen, respective absorbiren oder reflectiren.

Die beständigsten Farben verdanken ihr Pigment (färbendes Princip) metallischem Ursprunge, oder auch, wie das Schwarz, der Kohle. (Metalloxyde, Metallsäuren, dann hauptsächlich Schwefel und Kohle.)

Je indifferenter und je weniger Affinität zu den übrigen Körpern die als Farbstoff verwendete Materie besitzt, desto haltbarer ist sie. Es seien hier in Kürze die zu dieser Malart mit erwiesenermaßen günstigem Erfolge verwendbaren Farben in Betracht gezogen.

*) Siehe II. Theil, Seite 86. „Ueber Farben und Farbenmischung“.

A. Erdfarben und Eisenoxyde.

Weiße Farben.

Kreide. Amorpher kohlensaurer Kalk. Champagner-kreide. $CaCO_3$. Obwohl keine bedeutende Deckkraft besitzend, ist sie doch sonst gut zu verwenden und wirkt, den anderen Farben zu deren Aufhellung beigemengt, nicht störend. Mit dem kieselsauren Alkali giebt sie eine sehr gute Bindung und erreicht eine bedeutende Härte. Die von Natur aus in derselben enthaltene Magnesia und das darin vorkommende Eisenoxyd wirken nicht störend. Je weniger Eisenoxyd und organische Stoffe sie mit sich führt, desto reiner erscheint das Weiß.

Gelbe, braune und rothe Farben.

Ocker, heller und dunkler, Terra Siena. Zersetzungsproducte verschiedener eisenhaltiger Mineralien.

Färbendes Princip: Eisenoxyd in den rothen, in den gelben Eisenoxydhydrat. Die Unterschiede der Nuancen rühren von den wechselnden Mengen Eisenoxyd. Diese Farben sind hier wie in allen übrigen Malmethoden sehr wohl verwendbar, sind oft von großer Schönheit und zeichnen sich besonders durch ihre fast unübertreffliche Haltbarkeit aus.

Die Analysen derselben ergeben:

Eisenoxydhydrat, Eisenoxyd, Kalk, Thonerde, Magnesia, Kieselsäure und Wasser. Durch über 100 Grad gehendes Erhitzen verliert das Eisenoxydhydrat sein Wasser, die Farbe geht beim Erhitzen zuerst in's Braune, dann in's Rothe, bei länger andauerndem Erhitzen sogar in's Violette über.

Umbra. Umbraun. Dieser als schöne braune Farbe bekannte Körper (nach Bersch ein Doppelsilicat von kieselsaurem Eisenoxyd und kieselsaurem Manganoxyd in Verbindung mit Wasser) läßt ebenfalls hier betreffs seiner Verwendbarkeit nichts zu wünschen übrig.

Grüne Farben.

Grüne Erde. Veronesergrün. Seladongrün. Zersetzungsproduct des Augits. Hauptsächlichster Bestandtheil kieselsaures Eisenoxydul. Außerdem enthält sie Thonerde, Magnesia, Kali und Wasser. Die Farbe ist zwar weniger schön, indessen aber sehr dauerhaft.

B. Künstliche Mineral-, respective Metallfarben.

Weiße Farben.

Zinkweiß. Zinkoxyd. ZnO. Diese Farbe ist vorzüglich gut zu verwenden. Es können alle Farben damit ohne Nachtheil gemischt werden. Sie besitzt eine ziemliche Deckkraft und ist von großer Beständigkeit. Schwefelwasserstoff greift dieselbe nicht an. Es ist darauf zu sehen, daß sie sowohl von Blei wie von Gyps frei ist. Auf das kieselsaure Alkali wirkt sie sehr energisch, indem sie damit kieselsaures Zinkoxyd bildet.

Es ist der Dauerhaftigkeit der Gemälde nur förderlich, wenn die übrigen Farben mit diesem Weiß aufgelichtet werden.

Permanentweiß, Barytweiß. Künstlicher Schwerspat. Schwefelsaurer Baryt. $BaSO_4$. Es ist darauf zu sehen, daß die Farbe keine freie Schwefelsäure mehr enthält. Mit etwas Zinkweiß, oder auch ohne dieses, je nachdem ein Effect erzielt werden soll, ist dieses Weiß überall da anzuwenden, wo eine gewisse Durchsichtigkeit und ein

Leuchten des Colorits gewünscht wird. Es deckt daher auch weniger gut; ist aber das beständigste von allen weißen Pigmenten.

Gelbe Farben.

Cadmium. Schwefelcadmium. Cd S. Eine sehr schöne gelbe Farbe, von großer Luft- und Lichtbeständigkeit. Mit Ultramarin giebt es eine schöne grüne Mischfarbe.

Neapelgelb. Antimonsaures Blei. Schöne gelbe Farbe von größerer Beständigkeit als das Chromgelb, von demselben aber an Schönheit übertroffen. Von Schwefelwasserstoff wird es gleich dem chromsauren Blei angegriffen. Man muß es auf einer Glasplatte oder auf einer Marmortafel reiben und mit einem hörnernen oder elfenbeinernen Spatel zusammenstreichen; Eisen giebt ihm einen grünlichen Schimmer. Es eignet sich hauptsächlich zu den chamoisgelben Farbtönen und denjenigen, welche das Gold nachahmen. Es darf nicht mit eisenhaltigen Farben gemischt werden, weil es von denselben geschwärzt würde.

Neugelb. Chromsaurer Baryt. $BaCrO_4$. Schöne gelbe, haltbare Farbe. Wird von Schwefelwasserstoff nicht verändert.

Rothe Farben.

Chromroth. Basisch chromsaures Blei. Wird in verschiedenen Nuancen in den Handel gebracht. Die Schönheit der Farbe beruht auf der Größe der Krystalle, welche beim Reiben zerstört werden, wodurch die Farbe ganz in Orange übergeht. Sie darf deshalb nur mit Wasser vermittelst des Pinsels angerührt werden.

Ultramarinroth. Kann sehr wohl als Lackersatz dienen.

Blaue Farben.

Ultramarinblau. Künstl. Ultramarinblau. Besteht aus Kieselerde und Thonerde und etwas Schwefelnatrium.

Kobaltblau (Kobaltoxydul mit Thonerde). Beide blaue Farben lassen sich mit den anderen Farben gut mischen und sind bekanntlich von größter Beständigkeit.

Grüne Farben.

Kobaltgrün. Rinmannsgrün. (Kobaltoxydul mit Zinkoxyd). Sie entsteht durch die blaue Farbe des Kobaltoxyduls und durch die gelbe des Zinkoxyds. Sie ist von großer Beständigkeit.

Chromoxydgrün. Chromoxydhydrat. $H_6 Cr_2 O_6$. Eine der schönsten und feurigsten grünen Farben von unübertrefflicher Haltbarkeit.

Ultramaringrün.

Ferner kommen noch Rebenschwarz und Elfenbeinschwarz, letzteres nach eigener Methode dargestellt, in Anwendung.

In reinem Zustande lassen sich die Farben, nachdem sie geschlämmt und unter Anwendung destillirten Wassers mit Kieselerde-, Thonerde- und Bittererde-Hydrat versetzt und auf besonders für diesen Zweck construirten Steinmühlen auf's feinste gerieben sind, gut verwenden und läßt sich für deren Haltbarkeit und dauernde Schönheit des Colorits garantiren. Da die meisten dieser Farben durch den Alkaligehalt des Fixirungsmittels und des Untergrundes kleine Nuancen-Aenderungen erleiden, dieses aber für den Künstler lästig wirkt, so habe ich diesem Uebelstande dadurch abgeholfen, daß ich die Farben vor dem Zusatze der Hydrate mit Kali- oder Ammoniak-Lösung digerire.

Wie bemerkt, wird den Farben je nach Bedürfniß, welches durch die größere oder geringere mechanische Bindungsfähigkeit des Farbkörpers selbst und durch seine Sättigungs-Capacität gegenüber dem kieselsauren Alkali bestimmt wird, Thonerde-, Bittererde- und Kieselerde-Hydrat zugesetzt. Als ungefähre Norm für die Bestimmung des Quantums der Zuschläge gilt noch, daß jeder Farbe von denselben nur so viel zugegeben wird, als sie bedürfen, um nach dem Reiben mit Wasser und erfolgtem Auftrocknen auf einem Umbrastein die Härte der natürlichen Kreide zu zeigen, so daß sie mithin beim Darüberstreichen mit dem Finger nicht viel mehr als die Kreide abfärben. Es hat dieses für den Künstler auch das Angenehme, daß die sonst mit Wasser sehr schwach bindenden Farben, wie Ultramarinblau, Schwarz, gut haften, beim Einfeuchten nicht ineinander verlaufen, ohne deshalb an ihrer Geschmeidigkeit zu verlieren, sowie daß das Gemälde beim Fixiren dem Fixirungspräparate gegenüber an allen Stellen ein ziemlich gleichmäßiges Sättigungsvermögen zeigt, wodurch auch letztere Arbeit wesentlich erleichtert wird. Es wird hierdurch ferner erzielt, daß sämmtliche Farben nach dem Fixiren den chemischen wie den mechanischen Einwirkungen gegenüber, eine gleichmäßige Härte und Widerstandsfähigkeit zeigen. Durch Zusatz der erwähnten Bindemittel werden die Farben gleich den färbenden Metalloxyden in manchen natürlichen Mineralien (insoferne der einzelne Farbkörper nicht schon selbst eine chemische Verbindung mit dem kieselsauren Alkali eingeht) von unlöslichen Aluminium-, Magnesium- und Calcium-Silicaten eingeschlossen. Sie bilden dadurch, daß sie beim Malen in den sehr porösen Untergrund tief eingesogen, ja förmlich eingeschlämmt werden, mit dem überschüssigen kieselsauren Alkali, resp. der freien überschüssigen Kieselsäure, eine überaus dauerhafte, gesteinsartige homogene Masse, welche, wie durch hundertfache Proben auf's glänzendste bewiesen ist und jeden Moment auf's Neue bewiesen werden kann, geeignet ist, den physikalischen (mechanischen) Einwirkungen der Witterung, dem Hagel, dem Regen, der Kälte und den chemischen Agentien der Luft ꝛc. den denkbar größten Widerstand zu leisten. Die Einwirkungen des Regens, wie die der Kohlensäure der Luft, sind gewissermaßen für die Gemälde bezüglich ihrer Dauerhaftigkeit nur vortheilhaft, indem hierdurch eine Consolidirung derselben bewirkt wird. Besonders ist es die Kohlensäure durch ihre Reaction auf einen Theil des kieselsauren Alkali, welches durch die Bildung von kohlensaurem Kali, resp. Natron, zerlegt wird und Kieselsäure frei macht, welche letztere dann im Entstehungsmomente auf die vorhandenen Basen der alkalischen Erden und die Metalloxyde wirkt und sich unter Bildung der entsprechenden kieselsauren Verbindungen damit vereinigt. Das frei werdende kohlensaure Alkali indessen, wird successive durch den einwirkenden Regen, Schnee ꝛc. entfernt und fortgewaschen. Dieses dürfte indessen erst die letzte Rolle sein, welche das Alkali bei der ganzen Procedur durchzuspielen gezwungen ist.

Das Alkali wirkt vorher, und besonders so weit, als es als Ueberschuß im Fixirungsmittel enthalten ist, auf das im gallertartigen Zustande unter die Farben gemengte, von ätzenden Alkalien sehr leicht angreifbare Kieselerdehydrat, wie andererseits auch auf die in Alkalien lösliche Thonerde, wodurch beide Körper entschieden leichter aufeinander zu reagiren geeignet werden. Die von mir angestellten Versuche haben bestätigt, daß hierbei kieselsaure Thonerde gebildet wird. Eine Lösung von Kaliwasserglas und eine alkalische Thonerdelösung zusammengebracht, gaben sofort einen sehr voluminösen, gallertartigen Niederschlag eines unlöslichen kieselsauren Doppelsalzes. Dieser Niederschlag wurde abfiltrirt und zeigte sich derselbe in Säuren sehr leicht und ohne Aufbrausen löslich. Die ganze Masse (Niederschlag und Flüssigkeit) wurde nun mehrere Tage in einer Abdampfschale der Luft ausgesetzt. Hierbei verdichtete sich der Niederschlag; das in der Lösung befindliche Kali hatte Kohlensäure aufgenommen. Der Niederschlag zeigte sich nun etwas schwerer, als sofort nach erfolgter Fällung, in Säuren löslich.

Als ein weiterer, die Thatsache der Silicatbildung (Thonerde- und Magnesium-Silicat) bestätigender Umstand dürfte folgender zu betrachten sein.

Im Jahre 1878 wurde bei Ausführung eines 72 Quadratmeter großen Wandgemäldes an der Pfarr- und Wallfahrtskirche in Eichelberg bei Regensburg das bezügliche Bild vor seiner Vollendung, als es sohin noch nicht fixirt war, von einem heftigen, plötzlich heranstürmenden Gewitterregen förmlich überschüttet und hegten die an der Arbeit Betheiligten, wie der dortige Pfarrer Hegelein die Befürchtung, daß nun wohl ein großer Theil der Arbeit zerstört und nochmals ausgeführt werden müsse, da von uns Niemand zweifelte, daß die nur mit Wasser aufgetragenen Farben gewiß ganz ineinander verwaschen seien. Wie groß aber war das Erstaunen, als wir fanden, daß die Farben nicht blos nicht verwaschen waren, sondern stellenweise schon fast wie fixirt festhielten. Ich konnte für diese gewiß nur erfreuliche Erscheinung keine andere Erklärung finden, als die, daß das freigewordene Alkali des Untergrundes auf die Kieselsäure der Farben lösend wirkte, diese dann auf die Basen reagirte, sohin schon ohne Fixirungsmittel, also lediglich durch die Vermittlung des Kali eine chemische Verbindung stattgefunden hatte. Nach Vollendung der Arbeit in Eichelberg war es nach meiner Ankunft zu Hause das Erste, diesbezügliche Proben anzustellen, welche in obigem Sinne bestätigend ausfielen, indem z. B. die präparirten Farben auf eine mit Malgrund versehene Platte aufgetragen und mit etwas erwärmter Kalilauge imprägnirt, in einigen Tagen schon merklich gebunden waren.

Vor der Ausführung der Wandmalereien (im Jahre 1879) im Franziskanerkloster Lechfeld durch den als Künstler ersten Ranges bekannten Pfarrer Johannes Berkmüller von Untermeitingen,*) hatte unter Anderem dieser Herr eine Probeplatte in zwei Farbentönen, das Christuskind darstellend, nur ganz dünn bemalt, aber nicht fixirt. Nach Verlauf eines Jahres sollte zum Zwecke einer weiteren Malprobe die alte Malerei abgewaschen werden, sie haftete indessen so fest, daß sie weder mit Wasser, ja nicht einmal mit starkem Essig entfernt werden konnte.

Die Zusammensetzung der Zuschläge nach Quantität wie nach Qualität ist durchaus keine willkürliche, sondern ein auf Grund empirischer Versuche gefundenes Resultat. Es dürfen die Zusätze nur so angewendet werden, daß sie die Brillanz der Farben in keiner Weise beeinträchtigen, die Farben nicht abblättern und auch die Einsaugbarkeit für das Fixirmittel nicht alteriren.

---

*) Das Abendmahl nach Kaspar in Lebensgröße, sechs fast lebensgroße Heiligenbilder, sowie Porträts mehrerer verlebter Ordensgeistlicher 2c. an den Wänden des Refectoriums, legen ein glänzendes Zeugniß ab für die hohe Meisterschaft und den tief religiösen Kunstsinn ihres Schöpfers, und kann ich nicht die Pflicht umgehen, für die großen Verdienste, welche sich derselbe hierdurch für die Einführung und Verbreitung dieser neuen Malmethode erworben hat, hier öffentlich, im Interesse der Sache selbst, meinen wärmsten und innigsten Dank auszusprechen.

Ein Umstand erwies sich als durchaus nicht gleichgiltig, nämlich der betreffs der physikalischen Eigenschaften der Hydrate.

Die meiste Schwierigkeit bereitete die Kieselsäure, da dieselbe aus einer Wasserglaslösung mit Salzsäure ausgefällt, stets nur einen mehr rauhen, sandartigen Niederschlag giebt, welcher sich mit den Farben nur sehr schwer mischt und dieselben matt und grau macht. Endlich fand ich, daß das Hydrat sich am besten eignet, welches man erhält, wenn man verdünntes Wasserglas mit Salzsäure übersättigt und aus dieser sauren Lösung die Kieselsäure mit Ammoniak ausfällt. Ich erhielt auf diese Weise einen zwar sehr schwer auswaschbaren, aber äußerst gelatinösen, fast ganz durchsichtigen Niederschlag, der sich mit den Farben auf's innigste und gleichmäßigste mengt, so daß die einzelnen Partikelchen selbst mit dem Mikroskop kaum mehr erkennbar sind.

Bei den dunkleren Farben, z. B. Terra Siena, Umbraun, Schwarz, welche doch noch etwas an ihrem Safte und an ihrer Tiefe durch den Zusatz der Hydrate beeinträchtigt wurden, wurde diesem Uebel dadurch abgeholfen, daß den Lösungen der Thonerde und der Magnesia etwas Eisenchlorid beigesetzt wurde, wodurch die Niederschläge beim Fällen mit Ammoniak, respective Natron, eine bräunliche Färbung zeigen und die Farben bei mäßigem Zusatze durchaus nicht mehr alteriren. Bei hellen Farben, Weiß, Gelb, Grün, ist dieses selbstverständlich nicht nothwendig, ja, es dürfen bei diesen keine anderen als die reinen Hydrate angewendet werden. Die Niederschläge werden bestmöglich ausgewaschen und ausgepreßt an die Farben gemengt und drei- bis viermal auf's feinste gerieben. Dann werden sie, in Hütchen geformt, getrocknet und bis zum Gebrauche an trockenen Orten aufbewahrt.

Das Fixirungsmittel.

Es erübrigt hier nur noch die Herstellung und Anwendung des Firungsmittels anzuführen. Fuchs und Schlotthauer schon sahen, sobald die Stereochromie anfing, in der Praxis sich einigen Eingang zu verschaffen, daß das gewöhnliche Wasserglas sich zum Fixiren der Bilder sehr wenig eignete. Ersterer setzte daher dem gewöhnlichen Wasserglas eine Lösung von Natriumkieselfeuchtigkeit bei, welche aus

5 Theilen reinem wasserfreien kohlensauren Natron und
2 » Quarzpulver,

durch Schmelzen dieser Mischung, erhalten wurde. An 4 bis 5 Theilen des gewöhnlichen Wasserglases wurde 1 Theil Natriumkieselfeuchtigkeit gegeben. Die so erhaltene Lösung nannte er Fixirungs-Wasserglas. Das Wasserglas, welches hierdurch nebst einem Zuwachs von Kieselerde einen größeren Alkaligehalt erhalten hat, wird durch dieses Verfahren vor einer zu schnellen Zersetzung geschützt, ohne die übrigen Eigenschaften desselben merklich zu ändern. Aber auch diese Lösung beeinträchtigte in vielen Fällen die Schönheit der Gemälde, indem sie dieselben fleckig machte. Die auf nachfolgende Weise hergestellte Lösung entsprach ihrem Zwecke am besten:

2 Maßtheile Fixirungswasserglas,
1 Maßtheil Aetzammoniak,
$^1/_6$ » feingestoßener weißer Marmor

werden in einen hermetisch verschließbaren Topf gebracht und mehrere Stunden im Wasserbade unausgesetzt gekocht.

Man läßt alsdann die Masse langsam erkalten und absitzen und decantirt die klare Flüssigkeit in gut verschließbare Gläser ab.

Der Rückstand enthält den nicht gelösten Marmor und etwas ausgeschiedene Kieselerde. Die erhaltene Flüssigkeit ist ein vollkommen wasserhelles, leichtflüssiges Liquidum, welches sich beim Stehen an der Luft weit langsamer als alle Wasserglassorten zersetzt.

Es wird von der Bildfläche sehr leicht und rasch absorbirt und giebt bei nur einigermaßen vorsichtigem Arbeiten durchaus keine Flecken. Die Bilder erscheinen in größter Schönheit und Reinheit und haben nicht den staubigen Anflug, wie er den meisten stereochromen Gemälden eigen ist. Besonders vortheilhaft ist es, diese Lösung in kochendem Zustande anzuwenden. Dieselbe wird in der zum Fixiren der Bilder von Schlotthauer erfundenen, später von Pettenkofer verbesserten Staubspritze, an welcher ein Kochapparat angebracht ist, im Wasserbade erhitzt. Würde die Flamme direct auf das die Fixirungsflüssigkeit enthaltende Gefäß wirken, so würde die Flüssigkeit zersetzt werden. In heißem Zustande wird die Lösung, wie die meisten Flüssigkeiten, viel dünnflüssiger und deshalb in größerer Menge von dem Bilde absorbirt. Das Wichtigste aber ist, daß das kieselsaure Alkali in heißem Zustande eine viel größere Wirksamkeit auf die Zuschläge zu den Farben 2c. äußert, als im kalten, wodurch das Gemälde im vollsten Sinne des Wortes einen förmlichen Guß, eine mit dem Grunde und der Mauer homogene, künstliche Steinmasse bildet.

Zweiter Theil.

Praktische Anleitung zur Herstellung von Wandgemälden nach der Mineral-Maltechnik.

Die Herstellung des Untergrundes und des Malgrundes.

Wie aus dem vorhergehend Gesagten ersichtlich, ist auch hier wie in der Malerei al fresco und in der Stereochromie die Beschaffenheit des Grundes, welcher das Gemälde aufnehmen soll, für die Dauerhaftigkeit desselben von wesentlicher Bedeutung. Um einen guten Erfolg mit Bestimmtheit zu erreichen, ist es nothwendig, bei Neubauten den Rohbau vorerst vollständig austrocknen zu lassen;*) bei alten Mauern ist die betreffende Mauerstelle bis auf den Stein bloßzulegen und müssen die Fugen ausgekratzt werden.

Sodann ist der erste Bewurf, welcher aus gewöhnlichem nicht zu fetten, sehr sandhaltigem Mörtel besteht,

---

*) G. Walther sagt in seinem Schriftchen: „Die Vernachlässigung der Decorationsmalerei in Deutschland", Dresden 1877, S. 11, woselbst er sich gegen den Einwand, daß in Deutschland das Klima den Wandgemälden schädlich sei, ausspricht: „Wenn unsere Häuser feucht sind, so liegt das am Bauen, nicht am Klima. Die Speculationsbauten der Neuzeit werden von innen und außen schon beschmiert, ehe sie noch trocken sind, dabei kann die Feuchtigkeit gar nicht verdunsten. Warum läßt man sich solche Häuser gefallen, in denen nicht nur die Gemälde auf den Wänden verderben, sondern sogar eingerahmte Bilder, welche auf der Tapete hängen."

nach den gewöhnlichen Regeln der Mauerarbeiten aufzutragen und muß mehrere Tage gut austrocken. Der zur Verwendung kommende Sand ist tüchtig zu waschen und wieder zu trocknen.

Eine Hauptsache ist, daß gut naß in naß gearbeitet und, wie schon bemerkt, der Mörtel nicht zu fett gehalten wird, um das Springen des Bewurfes zu verhindern und die Absorptionsfähigkeit für das nachfolgende Wasserglas zu erhalten.

Es soll dieser Bewurf nie stärker aufgetragen werden, als es, um die Unebenheiten der Mauern auszugleichen, erforderlich ist.

Dieser Untergrund nun, welcher nochmals bis auf den Stein vollständig austrocknen muß, wird, da sich beim Erhärten desselben an der Oberfläche eine Schicht von kohlensaurem Kalk bildet, mit einem rauhen Sandstein abgerieben und gut abgestaubt. Hierdurch wird die Porosität desselben wieder hergestellt und kann das nun aufzutragende Wasserglas gut eindringen.

Das zum Imprägniren des Putzes zu verwendende Wasserglas ist mittelst destillirten Wassers (oder auch Fluß- oder Regenwassers) auf 20 bis 22 Grad B. gestelltes Kaliwasserglas.

Es genügt, für den Untergrund in der Regel ein zwei- bis dreimaliges, mit einem flachen Borstenpinsel vorzunehmendes Tränken mit demselben.

Man hat sehr darauf zu achten, daß der vorherige Auftrag jedesmal vollständig aufgetrocknet ist und sich keine Wasserglaskruste auf der Oberfläche des Putzes bildet.

Nachdem das aufgetragene Wasserglas, das dem Gesagten zufolge nie so weit angewendet werden darf, daß die Porosität des Grundes gänzlich aufgehoben wird, gut ausgetrocknet ist, bringt man den eigentlichen Malgrund an, welcher auf folgende Weise zusammengemischt und in gewohnter Art des Verputzes angebracht wird.

Guter, scharfer, körniger Mauersand, am besten Quarzsand, durch Sieben und Waschen von allen Unreinigkeiten sorgfältig befreit, wird mit Kalkbrei aus gelöschtem Kalk, der ebenfalls, indem man ihn durch ein feines Sieb schlägt, gesäubert ist, und reinem Fluß- oder Regenwasser zu einem dünnen und mageren Mörtel angerührt.

In der Regel kommen auf

1 Maßtheil Kalk
5 bis 6 Theile Sand.

Ob genügend Sand zugesetzt ist, erkennt man daran, daß in diesem Falle der Mörtel ganz rein von der Maurerkelle fällt.

Einen besonders guten und für die Malereien an der Außenseite der Gebäude vorzüglich geeigneten Malgrund erhält man, wenn man ein Drittel des Quarzsandes durch Bimssteinsand, der vollkommen staubfrei sein muß, ersetzt.

Der Malgrund soll nie stärker als 2—3 Millimeter auf den gut einzufeuchtenden Untergrund angebracht werden. Es gilt hier der Grundsatz: »Je dünner, je besser,« da sich der Malgrund nur in diesem Falle gut mit dem Untergrunde vereinigen läßt.

Auch hier bildet sich beim Austrocknen eine dünne Kruste von kohlensaurem Kalk, zu deren Zerstörung nach Fuchs und meinen eigenen Erfahrungen am besten reine Phosphorsäure angewendet wird, welche mit dem fünffachen Volumen destillirten Wassers verdünnt und mittelst eines Pinsels aufgetragen wird. Nach abermaligem Austrocknen ist analog dem Untergrunde auch der Malgrund mit dem auf 20—22 Grad gestellten Kaliwasserglas drei- bis viermal gut und gleichmäßig zu tränken.

Wie bei dem Untergrunde ist darauf zu sehen, daß derselbe nach jedem Auftrage durch und durch ausgetrocknet ist. Zu concentrirtes Wasserglas oder zu rasch aufeinanderfolgendes Tränken mit demselben hat eine bleibende Verschließung der Poren an der Oberfläche des Grundes zur Folge. Das weiter folgende Wasserglas würde an der Oberfläche erhärten und nicht mehr weiter absorbirt werden. Der Malgrund verliert dann die unumgänglich nothwendige Einsaugbarkeit, wodurch das Malen ungeheuer erschwert und die Haltbarkeit des Bildes wesentlich beeinträchtigt wird, indem direct unter dieser Wasserglaskruste der magere Mörtel nur sehr schwach gebunden ist. Eine Folge davon ist, daß bei mechanischen Einwirkungen auf die Oberfläche des Gemäldes der magere Mörtel zerbröckelt und sich dann blätterig, wie dieses bei den stereochromischen Gemälden in München und anderen Orten der Fall ist, abschält.

Der richtig hergestellte Grund muß nach dem Fixiren mit dem Wasserglase und wenn er vollständig trocken geworden, rauh anzufühlen sein und beim Anschlagen vermittelst eines harten Körpers wie Stein klingen. Er muß gut geebnet sein und darauf gespritzte Flüssigkeiten gleichmäßig und begierig aufsaugen. Bei starkem Reiben mit einem Tuche dürfen sich keine Sandkörner ablösen; er muß mit den Steinen eine harte, homogene, aufsaugende Masse bilden, welche die mit destillirtem Wasser fein angeriebenen und aufzutragenden Farben tief einzieht und sohin theilweise mechanisch einschließt.

Vortheilhaft ist es, vor Beginn des Malens die ganze Fläche mit Regenwasser abzuwaschen, um das frei gewordene kohlensaure Alkali zu entfernen.

Für Gemälde, welche aus der Ferne angesehen werden und stark der Witterung ausgesetzt sind, darf der Grund selbstverständlich viel rauher sein, als bei solchen, welche in der Nähe betrachtet werden.

Die Herstellung des Grundes bietet bei genauer Beachtung des Gesagten nicht die mindeste Schwierigkeit, nur ist eine gewisse Sorgfalt unerläßlich. Nach ein paar kleinen Versuchen werden gewiß günstige und befriedigende Resultate nicht ausbleiben.

Das Malen.

Das Malen hat auf dem richtig gefertigten Grund keine Schwierigkeit und ist für den Künstler ein eigentliches Erlernen desselben gar nicht nothwendig. Die Mineralmalerei ermöglicht es vielmehr, jedem sonst des Malens Kundigen, nach einigen Proben die größten Wandgemälde mit spielender Leichtigkeit und der höchsten künstlerischen Vollendung auszuführen.

Vor Beginn des Malens trägt der Künstler die Zeichnung des ganzen Gemäldes auf. Die Contouren müssen sodann mit einem Farbenton nachgezeichnet werden, da die Kohle allein bei dem später nothwendigen Einfeuchten fortgewaschen wird. Diese Farbe darf indessen nur mit destillirtem Wasser angerieben werden.

Alsdann wird die zu bemalende Stelle einige Fuß breit mit destillirtem Wasser angefeuchtet, und zwar so, daß immer naß in naß gemalt wird.

Zu stark darf dieses Einfeuchten nie geschehen; es darf die Stelle nie so befeuchtet sein, daß das Wasser abläuft, sondern nur so viel, als das Mauerwerk einzusaugen im Stande ist.

Die zu verwendenden und für diese Malart besonders präparirten Farben müssen, mit Ausnahme des Chromroth, welches das Reiben nicht verträgt, auf einer Stein- oder Glasplatte mit destillirtem Wasser auf's feinste angerieben werden; sodann in Töpfchen gebracht, sind sie zum Gebrauche fertig. Trocknen sie wieder auf, so können sie immer wieder mit Wasser mittelst der Horn- oder Holz- (nicht Eisen-) Spatel aufgerieben werden. Das Auftragen der Farben geschieht mit denselben Pinseln, wie sie bisher in der Frescomalerei Verwendung fanden, also mit Borsten- und Haarpinseln.

Trocknet während des Malens der Grund auf, so ist derselbe immer wieder anzufeuchten.

Es ist nothwendig, daß das ganze Bild zuerst schwach untermalt und daß der Grund bei der Untermalung mit den Farben gleichmäßig gedeckt wird.

Es ist sehr zu wünschen, daß die Farben möglichst egal und stellenweise nicht zu pastös aufgetragen werden.

Verwendbare Farben sind:

Barytweiß, Zinkweiß, Champagnerkreide, chromsaurer Baryt, Neapelgelb, Cadmiumgelb, Chromgelb orange, Ocker heller und dunkler, Goldocker gebrannt und ungebrannt, Terra de Sienna gebrannt und ungebrannt, Englischroth, Morellensalz, Umbraun, Chromroth hell und dunkel, Ultramarinroth, Chromoxydgrün, Ultramaringrün, Kobaltgrün grüne Erde gebrannt und ungebrannt, Kobaltblau, Ultramarinblau, Rebenschwarz und Elfenbeinschwarz. Dieselben sind mit Thonerde-, Bittererde- und Kieselerdehydrat versetzt.

Es fehlt sohin in der Scala keine Stufe von der sattesten bis zur lichtesten Farbe und können mit denselben die vortrefflichsten Effecte erzielt werden.

Die mit den Deckfarben nicht zu erreichenden Töne, z. B. in solchen Fällen, in welchen eine bedeutende Tiefe erforderlich ist, werden durch Lasiren erreicht. Die Technik ist für den Künstler eine ungemein leichte; im Ganzen ist die Behandlung wie die der Oelfarben, nur daß hier statt des Oels Wasser zu ihrer Verdünnung verwendet wird. Die Farben gehen leicht vom Pinsel, gestatten das Ineinandervertreiben und ermöglichen überhaupt die größte artistische Vollendung des Werkes mit einer bedeutenderen Leichtigkeit, als in allen anderen Monumental-Malarten.

Während des Malens müssen die Gemälde vor starkem Regen geschützt werden. Die Bilder sind wie in der Frescomalerei und in der Stereochromie nicht glänzend, sondern können bei jeder Beleuchtung, von jeder Seite und auch bei künstlichem Lichte besehen werden.

Ist das Bild fertig und es zeigen sich Fehler, so lassen sich diese leicht verbessern, da alle Retouchen mit Leichtigkeit und Sicherheit vorgenommen werden können. Es bedarf nur des Anfeuchtens des ganzen Bildes mit destillirtem Wasser vermittelst des Fixirungsapparates und das Ganze steht in dem ursprünglichen nassen Ton vor dem Künstler. Er kann mit der größten Präcision die Retouchen vornehmen, indem sich Grund und Farbe wieder auf's innigste miteinander verbinden und ganz gleichmäßig auftrocknen.

Der Unterschied der Farben im trockenen und nassen Zustande ist ungefähr im Verhältniß, wie dieses bei der Leimfarbmalerei der Fall ist.

Während des Malens steht es dem Künstler jederzeit frei, aufzuhören und wieder zu beginnen; das so lästige und

6*

schwierige Auf- und Wiederabtragen des nassen Kalkgrundes, in welchem nach der Frescomalerei gemalt werden muß, ist hier wie in der Stereochromie für immer vermieden. Man darf nur, wie bereits angedeutet, den Grund wieder anfeuchten, um die Arbeit nach Belieben wieder fortsetzen zu können.

Ist das Bild von dem Künstler fertig gestellt, so muß man dasselbe gut austrocknen lassen, um es sodann zu fixiren.

Das Fixiren.

Das Fixiren des Bildes darf erst dann vorgenommen werden, wenn man überzeugt sein kann, daß das ganze Gemälde bis auf den Stein ausgetrocknet ist, damit das Fixirungsmittel bis tief in die Mauer eindringen und ebenfalls keine vorzeitige Inkrustation auf der Oberfläche des Bildes eintreten kann, da das Gemälde durch und durch gleiche, steinharte Festigkeit erhalten muß. Das Fixiren geschieht mit der verbesserten, von Schlotthauer erfundenen Staubspritze.

Man muß darauf sehen, daß mit dem Fixiren Einhalt gethan wird, sobald das Fixirungsmittel auf der Bildfläche nicht mehr eingesaugt wird. Es ist dasselbe in letzterem Falle möglichst rasch durch Aufdrücken eines Tuchfleckens aufzusaugen und zu entfernen.

Das jedesmalige Fixiren ist immer in Zwischenräumen von 12 bis 24 Stunden vorzunehmen und muß unter allen Umständen der vorherige Auftrag gut aufgetrocknet sein. Das Bild muß ungefähr drei- bis viermal fixirt werden.

Mit dem vierten Male ist mindestens ein Zeitraum von 24 Stunden abzuwarten, damit die Einsaugung und chemische Verbindung gut von statten gehen kann. Später ist es dann durchaus nicht mehr nothwendig, das Bild nachzufixiren, wie dieses in der Stereochromie erforderlich war.

Neben der bereits erwähnten Leichtigkeit in der Ausführung und der Dauerhaftigkeit der Gemälde, ist auch noch ein bedeutender Vortheil darin zu finden, daß die so gefertigten Werke immer wieder, wenn sie bestaubt oder sonstwie beschmutzt sind, mit einem Schwamme oder einer Bürste und destillirtem Wasser*) gereinigt werden können, um sie wieder so erscheinen zu lassen, als ob sie soeben von der Hand des Künstlers kämen.

Einiges über Farben und Farbenmischung.

Wenn ich Einiges über Farben und Farbenmischung hier anzuführen für sachdienlich halte, so kann es selbstverständlich damit nicht meine Absicht sein, den gewiegten Künstler, welcher ja in dieser Richtung hundertfältige praktische Erfahrungen sich gesammelt hat, belehren zu wollen. Ich weiß auch, daß ich damit nichts wesentlich Neues sage, indem Goethe's Farbenlehre, Chevreul's Farbenharmonie, dann die Arbeiten und Untersuchungen eines Brücke,

*) Reines, filtrirtes Regenwasser genügt ebenfalls; Brunnen- oder Quellwasser darf deshalb nicht angewendet werden, weil selbes stets etwas kalkhaltig ist und daher auf der Bildfläche kohlensauren Kalk zurückläßt, wodurch dann die Bilder matt und grau erscheinen würden.

Pisko, Newton, Young, Dufay, Fraunhofer u. s. w. keinem Künstler, ja dem gebildeten Laien nicht mehr ganz fremd sind; doch glaube ich andererseits die bezüglich der Farben und deren Mischung gemachten Erfahrungen, wie sie für die Mineralmal-Technik am entsprechendsten befunden wurde, nicht ganz verschweigen zu sollen.

Der Seite 62 angedeuteten Theorie, die Farben als in den Strahlen des Lichtes existirend zu betrachten, entsprechend, haben wir nur drei Farben, die drei Urfarben: Blau, Roth und Gelb. (Licht (Weiß) und Finsterniß (Schwarz) sind für unser Auge eigentlich ein Nichts).

Ein weißer Sonnenstrahl, durch ein Glas-Prisma gebrochen, giebt uns zwar die prismatischen oder Spectralfarben Roth, Orange, Gelb, Grün, Blau und Violett.

Die eigentlichen Urfarben sind indessen doch nur die drei bereits erwähnten: Blau, Roth und Gelb, da nur diese allein in reinem Zustande keinerlei Anklänge an andere Farben haben.

Kunstmaler Hundertpfund nannte diese drei Farben die drei idealen Stammfarben, indem die drei reinsten Farben des Regenbogens ihm das Ideal von Farbe bildeten: Von den drei idealen Stammfarben bezeichnet er das

Blau als aufhebend (negativ) und kalt,

Roth als die Farbe des höchsten Lebens, als die Berührung des Eins und Drei (nämlich der ersten und dritten),

Gelb als bestimmend (positiv) freudig und warm.

Diese drei Farben sind ihm die zeugenden Farben, daher die Stammfarben; in ungleicher Kraft mitsammen verbunden, gebären sie in's Unendliche Töne.

Wirken sie aber in gleicher Weise und Kraft alle zusammen, dann sind sie einander ein Tod. Zwei solcher

Stammfarben in gleicher Kraft mitsammen verbunden, geben immer eine dritte Farbe, in welcher ihre beiden Stammfarben verborgen leben und sind gezeugte Farben, als: Grün, Violett und Orange. In Grün lebt Gelb und Blau, in Violett Blau und Roth und im Orange Gelb und Roth. Diese drei aus den Urfarben erzeugten Farben sind also nicht mehr als eigentliche Farben zu betrachten, obwohl sie als solche im Regenbogen noch genannt werden, sondern sie sind nur Nebenfarben.

Die drei Nebenfarben haben in sich wieder ein Leben und erzeugen, wenn eine ihrer Stammfarben vorherrschend ist, ganze Töne. Je nachdem sie auch von einer ihrer sie erzeugenden Farbe mehr oder weniger annehmen, bekommen sie auch ihre genauere Benennung.

Z. B. die Nebenfarbe Grün besteht aus Blau und Gelb; ist nun das Blau vorherrschend, so heißt sie blaugrünen Ton, und ist das Gelb vorherrschend gelbgrüner Ton, in der Kunstsprache kaltes und warmes Grün 2c.

Die drei Stammfarben je zu zwei und zwei in gleicher Kraft beisammen, geben also Nebenfarben und in ungleicher Kraft ganze Töne, welche lebend sind, weil zwei Stammfarben sich nicht tödten können. Tödten können sich nur die drei Stammfarben und die drei Nebenfarben, und zwar nur dann, wenn sie in gleicher Kraft beisammen sind.

Nur die vollkommene Gleichheit und Kraft der drei Stammfarben ist ihre Aufhebung — der Tod — also ein farbloses Dunkel, die gänzliche Ermanglung des Lichtes, der tiefste Schatten, ein todtes Schwarz. *)

*) Hundertpfund stellte bezüglich der drei Stammfarben und ihrer Verwendungs- und Leistungsfähigkeit in der Malerei eingehende

Der Tod der Töne ist das gänzliche Zernichten der drei Stammfarben. Er ist eine dunkle tonlose Erscheinung, welche wir in unseren materiellen Farben eine schwarze und in hellerem Zustande eine graue Farbe heißen. Es ist mit einem solchen grauen Ton, wie mit einer schwarzen Farbe nichts Lebendes hervorzubringen, denn das Hell, welches die schwarze Farbe zum grauen Ton macht, belebt denselben nicht.

Das Leben liegt nicht in Hell und Dunkel, sondern in der ungleichen Zusammenstellung der Stammfarben.

Wir kennen sohin nun Stamm- und Nebenfarben und die ganzen Töne, welche auch dem Regenbogen angehören, d. h. sich in demselben zeigen. Und diese bilden dann das Fundament, aus welchem alle Schatten- und Mitteltöne gebildet und hergeleitet werden können.

Würden wir im Stande sein, drei materielle Farben: Blau, Roth und Gelb, mit einer solchen Reinheit wie die drei idealen Stammfarben des Regenbogens oder mit einer solchen Reinheit und Kraft und zugleich mit einem Umfang, wie z. B. sich all' dieses im echten Ultramarin findet, nebst der übrigen Brauchbarkeit herzustellen, dann brauchten wir außer den drei Grundfarben keine anderen Farben mehr.

Um z. B. für die Oelmalerei nach diesen gegebenen Regeln selbst zu experimentiren, versuche man zum Nothbehelfe die ungebrannte Terra Siena (Gelb), Krapplack (als das tiefste Roth, welches zwar immer noch nicht rein ist, sondern in's Blaue fällt) und künstliches Ultramarinblau.

Untersuchungen an, deren Resultate er in seiner Schrift: „Die Malerei auf ihre einfachsten Grundsätze zurückgeführt. Eine Anweisung in ganzen Farben, alle Halbtöne 2c. zu malen. Augsburg 1847, J. Walch" niederlegte. Es sei hier auf dies ausführliche und interessante Schriftchen aufmerksam gemacht und Künstlern und Kunstfreunden bestens empfohlen.

Die Resultate werden dann zeigen, wie viel man schon mit drei Farben hervorzubringen im Stande ist.

Man wird daher zugeben müssen, daß, wenn wir in unserem materiellen Blau, Roth und Gelb wirkliche, reine Stammfarben hätten, wir mit diesen dreien weit mehr zu leisten im Stande wären, als wir mit all' unserer Menge Farben es jetzt sind.

Auf unserer ganzen Palette aber haben wir, den echten Ultramarin ausgenommen, keine reine, vollkommene Stammfarbe. Alle unsere materiellen Farben sind bis jetzt nur noch Nebenfarben, ganze und halbe Töne, in Höhe und Tiefe wie in ihrer Reinheit verschieden. Wenn man die ganze Palette zusammenmischt, so giebt es nur ein schmutziges Grau, weil unsere materiellen Farben den idealen an Reinheit noch weit nachstehen. Etwas Unreines oder doch ihr Fremdes hängt jeder Farbe (ausgenommen dem echten Ultramarin) mehr oder weniger noch an.

Hundertpfund sagt daher mit vollem Rechte: Je weniger wir daher materielle Farben zu unserer Mischung gebrauchen, desto weniger Unreinheit haben wir dabei, und **dieses ist von höchster Wichtigkeit.**

Dem beregten Uebel aber ist auf keine andere Art entgegenzutreten als durch die möglichste Einfachheit der Farbenmischung.

Ich glaube daher auch, daß zugleich ein Bestreben, die Zahl der anzuwendenden Farben in der Staffelei- wie in der Monumental-Malerei auf die nothwendigeren und bezüglich ihrer Dauerhaftigkeit bewährteren Farben zu reduciren, von den Künstlern nur freudig begrüßt werden dürfte. Gleich wünschenswerth dürfte es erscheinen, daß endlich auch einmal dem Unfug, die einfachsten und unter ihrem gewöhnlichen Namen jedem Künstler wohlbekannten Erdfarben z. B., mit allen nur erdenklichen, fremdklingenden, aber absolut nichtssagenden Namen zu belegen, wodurch für den Künstler nur Verwirrung bezüglich der Kenntniß seines Materials geschaffen wird, ein Ende gemacht werde. Es wird hierdurch von manchen gewissenlosen Farben-Fabrikanten oder Farbenreibern (Händlern, welche dieselben z. B. nur in Oel anreiben und mischen und sich mit dem Titel Fabrikanten belehnen) nur ein oft fabelhaft hoher Preis zu erreichen versucht und in dem Künstler die Meinung erweckt, in derselben eine neue, ungemein kostbare Farbe zu besitzen. Ich fand in einigen Farben nichts Anderes als gewöhnlichen gebrannten Ocker, in der anderen ungebrannten Ocker und etwas Chromgelb; die erstere trug den stolzen Namen »Egyptischroth«, die letztere war als »Echt feinstes Chinesischgelb« bezeichnet.

Ich halte es für durchaus nothwendig, daß der Künstler mit seinem Material auf's innigste und möglich vollständigste vertraut sei, und daß die alten Künstler recht hatten, wenn sie sich vor einem Materiale, das sie vor seinem Gebrauche nicht selbst geprüft oder ohnehin sein Verhalten dem Feuer, dem Lichte, der Luft, dem Kalk oder Oel gegenüber kennen gelernt hatten, hüteten. Es soll dabei dem Künstler, der in seinem Schaffen und Studium ohnehin eine großartige Fülle von Stoff zu bewältigen hat, durchaus nicht zugemuthet werden, auch noch Chemie zu studiren; die Alten haben dieses auch nicht gethan. Ueberhaupt sind jedem tüchtigen Künstler aus der Praxis die guten und schlechten Eigenschaften der meisten Erd-, Mineral- und Pflanzenfarben längst bekannt, wenn er dieselben unter ihrem alten bisherigen Namen beziehen kann, nur die neueren erwähnten Bezeichnungsarten machen ihn unsicher und geben ihm Veranlassung, auch schlechtes Material, da er eben nicht mehr weiß, mit was er es überhaupt zu thun hat, in Verwendung zu nehmen. Von dieser fast babylonischen Sprachverwirrung in der Farbenbranche, welche weniger von den Chemikern und eigentlichen Farben-Fabrikanten ausgeht, verursacht, können wir schon seit längerer Zeit uns überzeugen, daß oft die größten und prachtvollsten Kunstwerke (besonders viele Oelgemälde) unserer Meister der Neuzeit, wenige Jahre, oft nur wenige Monate nach ihrer Vollendung schon zugrunde gehen, ihre Farbenpracht und Stimmung mehr oder weniger verlieren und einzelne Farben (Lasuren) oft ganz zu verschwinden scheinen.

Ich bin bei der neuen Malmethode auch von dem Grundsatze ausgegangen, alle hierzu geeigneten Farben mit ihrer alten bekannten technischen Bezeichnung zu versehen, nur die als wirklich erprobt erwiesenen Farben anzunehmen und selbst deren Zahl nicht über ein gewisses, von der Zweckmäßigkeit und Nothwendigkeit normirtes Maß auszudehnen.

Ich muß aber auch hier bemerken, daß von einem gewandten und erfahrenen Künstler, von den für die Mineralmalerei beibehaltenen und bewährten Farben noch manche als entbehrlich befunden werden wird.

Inhalt.